J. VALMOR

Ce que nous devons à la Femme

PARIS

LIBRAIRIE DES SCIENCES POLITIQUES & SOCIALES

Marcel RIVIÈRE et Cie

31, Rue Jacob et 1, Rue Saint-Benoit (VIe)

1913

Ce que nous devons à la Femme

DU MÊME AUTEUR

Conditions et limites du Gouvernement par la majorité, un vol. in-16...... 3 fr. 50

Les Problèmes de la Colonisation, un vol. in-16 .... 3 fr. 50

La Loi du Nombre. — Notre principe de Gouvernement, un vol. in-16....... 1 fr. 50

J. VALMOR

Ce que nous devons à la Femme

PARIS

LIBRAIRIE DES SCIENCES POLITIQUES & SOCIALES

Marcel RIVIÈRE et Cⁱᵉ
31, Rue Jacob et 1, Rue Saint-Benoît (VIᵉ)

—

1913

A la mémoire de celle qui, par ses vertus, m'inspira le culte de la femme, et qui maintenant dort l'éternel sommeil loin d'ici, au pied d'un cap, sur un îlot battu par les flots toujours bleus de l'immense Océan Indien.

J. VALMOR.

Ce que nous devons à la Femme

I

**La Femme ; sa beauté ; ses charmes ;
sa poésie ; ses souffrances.
Injustices des Hommes et des Lois.**

La *science*, la *femme*, la *musique* donnent
au monde moral son éclat, sa grandeur.

La science représente la puissance de
l'homme, la domination de la nature et de
ses forces, l'utilisation du sol et de ses richesses, en vue du bien-être matériel. A la vie
misérable et tristement besogneuse des premiers âges elle a substitué une existence de
luxe et de jouissances, où le travail, rendu
moins rude par la machine, est ennobli par
le triomphe de la pensée sur l'effort muscu-

laire. Elle a créé les merveilles dont nous sommes entourés, et dont nous sommes fiers.

Mais, dans la vie morale, où elle n'a résolu aucun des grands problèmes qui peuvent donner un sens précis à notre destinée, elle n'a fait que provoquer des perturbations dont l'âme moderne souffre affreusement, et dont elle a gardé une plus grande propension à la jouissance, au luxe, à l'égoïsme. Et, de ce débordement d'égoïsme, de matérialisme, la femme est la première victime, car le positivisme psychologique est porté à la dépouiller de son imposante dignité et de ses nobles manières pour faire d'elle un instrument de plaisir.

C'est cependant la femme qui contribue le plus à donner de la beauté à l'existence, et un idéal à l'homme.

Voilà sa supériorité sur la science.

Mais, pour cela, il ne suffit pas qu'elle parle aux sens : il faut surtout qu'elle sollicite l'imagination, et fasse jaillir de la sensibilité, fortement impressionnée, des pensées enivrantes, des états d'âme teintés d'amour spirituel.

La musique produit de ces effets, quand elle concorde avec le goût individuel : alors, elle n'est pas seulement une harmonie, un ensemble de sons qui ébranlent les nerfs d'une façon exquise et y font courir un frisson divin ; elle fait naître en même temps dans la masse cérébrale tout entière des vibrations intenses et suaves, qui se transforment en idées généreuses, d'une sublimité et d'une douceur indicibles. Et l'âme se sent transportée bien loin du monde des sens, dans les régions les plus élevées et les plus screines où la pensée vit d'elle-même et se contemple dans une béatitude infinie.

Voilà les effets de la belle musique sur les âmes capables de haute vie intellectuelle. Cette puissance de perception est la marque d'une supériorité : le vulgaire ne comprend pas la musique ; il est sans critérium ; il est snob ; il n'est pas un cerveau qui vibre : il est plutôt un estomac qui digère.

De même pour la femme : le délicat seul est digne d'elle, parce que seul il la comprend et sait l'aimer. L'homme grossier ne voit en elle que des capacités de bonheur : il suppute la beauté des formes et le plaisir possible ; il l'avilit ainsi dans son esprit ; et, de là, à l'avilir en fait, quand il obtient son cœur, il n'y a pas loin. Il n'aperçoit pas l'harmonie physique, et ne l'admire pas pour elle-même, pour le seul plaisir de se sentir capable de palpiter en sa présence, de se hausser jusqu'à l'amour du beau sans aucune pensée d'intérêt, sans la souillure du désir des sens.

La jolie femme, pour l'homme sensible et qui pense, est un incomparable charme, une ineffable poésie : les cheveux, blonds ou bruns ou châtains, s'ils sont arrangés avec goût, exhalent toujours des poèmes de parfums et de rêves cachés dans leurs gracieuses ondulations; les yeux, parlants ou songeurs, malicieux ou doux, laissent voir, à qui sait y regarder, des profondeurs mystérieuses de timidité et de confiance en soi, de curiosité attachante et de pudeur voilée parfois de pensées dont l'intuition est troublante, ou bien de naïveté voulue ou réelle, mais toujours séduisante par sa fraîcheur toujours nouvelle ; la bouche, appétissante en ses savoureux épanouissements, est irrésistible quand le corail de la lèvre est rehaussé par la blancheur éblouissante de jolies dents bien rangées ; la main, engageante ou craintive, prenante ou abandonnée, est toujours, pour qui comprend et apprécie la femme, l'occasion d'exquises sensations discrètement mêlées d'excusables espérances, quand elle est tendue avec un encourageant sourire de sympathie, ou d'amitié ; la voix elle-même, associée par la nature et la coquetteric à la beauté qu'elle souligne de sa douce mélodie, contribue à la rendre plus attirante et plus enveloppante ; tout l'être enfin, par ses formes ondoyantes et harmonieuses, par ses attitudes et ses mouvements faits de grâce et de facilité, par ses manières étudiées et simples à la fois, constitue le type parfait de la beauté humaine. Et, quand la coquette, minaudant avec l'homme, relève d'un geste honnêtement impudique les jupes qui voilent des splendeurs de chair artistement estompées, elle grise et torture le prétendu maître.

Cette beauté, ces charmes sont rendus plus saisissants par les modes et les ornements qui mettent en valeur les dons naturels, les contours et les formes, l'élégance de la taille, la souplesse des mouvements, la fine sculpture des traits.

De ces modes et de ces ornements, la femme de bon goût ne prend que ce qui sied bien à sa personne, lui est avantageux ; elle dédaigne l'imitation servile, et laisse rigoureusement de côté ce qui est laid ou disparate, criard ou choquant, exagéré ou ridicule ; d'instinct, elle voit le parti qu'elle peut tirer de la création nouvelle pour l'éclat discret et bienséant de ses richesses physiques. La mode ainsi comprise, ainsi suivie, contribue justement à faire d'elle l'objet de notre admiration.

Aussi la femme est-elle le principe et le but de tous les mouvements de notre sensibilité, le centre de toute notre activité. Pour la femme aimée, épurée et idéalisée par l'amour, l'homme sensible souffre et pleure, est patient et doux, supporte les angoisses de l'espérance et la douleur de la déception, travaille et lutte, aspire à la richesse ou à la gloire, se façonne et s'affine, se pare et recherche l'élégance, s'humanise, s'ennoblit le cœur et l'esprit, s'é-lève à la beauté morale et à la beauté physique.

Cet effort vers le mieux, sous l'attraction du beau, puise une énergie sans cesse renouvelée dans le secret et constant désir de création et d'immortalité, de dépense de soi-même dans la suavité de la passion. La femme est, en effet, la fin délicieuse de la vigueur physique et de la puissance cérébrale, l'objet des affirmations les plus exquises des attributs du sexe.

Il n'est donc pas étonnant qu'elle suggère à l'homme la plupart de ses pensées et de ses actes, dominant son esprit et son cœur, lui insufflant la poésie dont elle est pleine, lui inspirant la musique qui convient à sa sensibilité, l'art selon ses goûts, les manières qui plaisent à sa délicate nature.

En somme, la femme est le soleil du monde moral : elle est la source de toute énergie, de toute activité, de toute vie. Elle rayonne, illumine, réchauffe, vivifie. Elle met l'homme au-dessus de lui-même, en lui faisant accomplir de grandes choses dont la valeur n'est pas effacée par les bassesses et les crimes où elle le pousse quelquefois.

Un homme insensible aux charmes de la femme est au-dessous de l'humanité, un dégradé.

Alors, pourquoi un être aussi aimable, aussi bienfaisant, souffre-t-il tant, dans toutes les classes sociales, quand le plus grand honneur de l'homme devrait être de faire le bonheur de l'admirable compagne confiée à sa force, à sa générosité ?

Certainement, sa conduite envers elle est très souvent odieuse. Il est malléable, compatissant, prêt à tout pour plaire, quand il désire ; il devient dur, autoritaire, brutal, lâche, quand il a obtenu. Son égoïsme, développé par la lutte pour la vie, reprend le dessus dès que les sens sont calmés ; et sa dureté de cœur, entretenue par les difficultés de l'existence, le rend de nouveau inapte à comprendre la tendresse inépuisable, l'infini dévouement de celle qui se donne toujours corps et âme, sans arrière-pensée, quand elle n'est pas une dévergondée. Il abuse de sa générosité native, en amour. Il l'exploite cyniquement. Il la rabaisse par le manque de justice et de respect ; il l'avilit en ne recherchant en elle que le plaisir, en dédaignant cette sensibilité que l'infidélité ou l'abandon déchirent, et que la moindre injustice ou la moindre brutalité irritent, en oubliant cette faiblesse confiante qui se donne pour avoir un appui en même temps que pour apaiser la voix troublante d'une nature portée irrésistiblement à l'amour.

De tout ce que la femme souffre par la faute de l'homme, de tout ce qu'elle endure par son indignité, c'est l'infidélité qui lui torture le plus le cœur. Elle y voit avec raison une intolérable insulte à sa personne, en même temps que l'évanouissement des rêves de bonheur fondés sur un amour exclusif, puis, l'abandon, peut-être, avec tout ce qu'il comporte de misères, de souffrances physiques et de douleurs morales ; elle y sent une ingratitude révoltante, parce qu'elle se donne tout entière, sans calcul d'intérêt, en ce qu'elle a de plus précieux au monde, son cœur et son corps ; elle y voit une lâcheté infâme, parce qu'elle est faible, impuissante, incapable de représailles à cause de la haute conception qu'elle a de l'honneur, et à cause de l'opinion publique, justement sévère pour elle, mais trop indulgente pour l'homme, et parce qu'elle est partout menacée par des lois scandaleusement larges pour les hommes ; enfin, elle pense, dans son légitime orgueil, que c'est une profanation.

Cependant, la femme a elle aussi une grande part de responsabilité dans ses souffrances. Elle est trop naïve, trop confiante ; elle ne voit point, ou ne veut point voir, le fonds d'égoïsme et de bestialité qui est la caractéristique invariable de la nature de l'homme, et qui peut se voiler par intérêt, mais jamais ne disparaît complètement, même sous l'influence de l'éducation et de la culture. Elle lui attribue ingénument ses propres sentiments, sa propre mentalité ; et, quand elle le sait pervers, vicieux, elle n'échappe jamais à la pensée qu'elle pourra l'amender, le corriger, ce qui est le comble de l'aberration ! Elle est trop disposée à considérer à travers son imagination systématiquement bienveillante celui qui se pose en amoureux, et à le trouver bon, orné de toutes les qualités. Chez elle, c'est affaire à la fois d'amour-propre et de vanité, de sensibilité et d'instinct. Quand elle est dans cet état d'âme, quand elle ne cherche pas sincèrement et froidement, avant que le sentiment se développe en elle, à savoir si celui qu'elle a remarqué est digne de son affection et de sa confiance, elle se donne d'esprit, d'abord, insensiblement, sans y prendre garde, puis, de tout son être ; et elle s'abîme dans l'amour. Si elle est déçue, elle en reste brisée, désorientée.

Nombreuses sont les victimes !

La première est la petite ouvrière. Elle commence par rencontrer fréquemment sur son chemin quelqu'un qui la regarde, puis la salue, puis lui sourit, puis la suit et lui parle : elle ne répond pas ; mais l'autre, tenace, perfide, ne se décourage pas, et revient à la charge. Piquée dans sa vanité et sa curiosité, elle entame conversation. La conversation, d'abord polie, prudente, se fait chaque jour un peu plus familière dans les sujets et les expressions ; puis, elle devient amoureuse ; puis, c'est le rendez-vous « où l'on pourra causer librement » ; et ce sont les déclarations et les serments d'amour, au milieu des étreintes et des baisers volés ou consentis.

Alors, c'est la crise intense : la pauvre fille, fatiguée de la lutte contre elle-même, où elle n'est pas soutenue par des amies ou des parents clairvoyants, épuisée par les combats de la vie qui ont rongé sourdement sa volonté, découragée par les privations devenues plus pénibles et sollicitée par la possibilité d'une existence plus douce où brilleront quelques rayons de bonheur, rendue un peu envieuse de tout ce dont elle voit d'autres femmes parées et embellies, finit par succomber dans une étreinte décisive, habilement préparée par le perfide corrupteur, et où sombrent ses nerfs soulevés à dessein et brisés par la résistance. Suivent quelques jours de bonheur imparfait sans cesse traversé par la honte de la déchéance et la crainte des conséquences. Puis, c'est le fruit du mal, cause de souffrances ininterrompues, qu'il soit accepté par la famille et payé courageusement par la coupable des privations et des vexations de chaque jour, ou repoussé et caché dans un misérable réduit. La gaîté s'en va, chassée par les noirs soucis d'une existence plus âpre, plus grosse de responsabilités ; et les joues se creusent ; et les yeux n'ont plus la flamme d'autrefois, éteinte dans les pleurs ; et le corps maigrit, se fane ; et les charmes qui retiennent s'envolent ; et la gentille petite ouvrière, naguère élégante et coquette, rieuse et insouciante, admirée et heureuse dans sa pauvreté pleine d'espérances, est devenue une chétive créature pâle et triste, mal vêtue, sans attraits. Le séducteur, au fur et à mesure que cette transformation s'opère chez sa victime, se refroidit, devient indifférent, trouve plus lourd le fardeau qu'il a assumé, sent le lâche ennui naître en lui, ne parle plus et n'entend plus qu'on parle de réparation, de mariage, et n'accorde que de banales paroles de consolation à celle qu'il a jetée dans la pire destinée. Quelquefois, à force de patience, d'endurance et de dépense de soi-même, la malheureuse femme réussit à retenir le suborneur dans les liens du mariage ; mais elle porte pour le reste de sa vie l'humiliation d'un consentement arraché et la marque d'une infériorité, quand seul le libre engagement est une condition de bonheur entre époux. Toutefois, le plus souvent, le lâche abandonne sa victime et va recommencer ailleurs ses méfaits, augmentant le nombre de celles qui souffrent par la faute des hommes. Et la triste délaissée, seule à lutter contre un injuste sort, seule à pourvoir aux besoins de deux existences, dans une société où la femme gagne si péniblement de quoi subvenir à ses besoins personnels, exploitée partout par l'homme, ou bien fait front en héroïne sublime aux difficultés de la situation et expie cent fois sa faute en travaillant nuit et jour pour une bouchée de pain ; ou bien, se décourage et accepte un autre exploiteur qui lui fait gravir un nouveau calvaire, d'où elle roule de déception en déception jusqu'au sombre désespoir menant au suicide ou à la fange ; ou bien, se blase, dépouille toute dignité, déchire son cœur aux quatre vents de l'orgie, se roule avec indifférence sur toutes les couches, simule l'amour sacré pour le gain, et, monstre de beauté, porte un cœur froid dans les bras bouillants de passion de ceux qui, fidèles au culte de Vénus, prennent plaisir à sacrifier sur le marbre blanc de ses autels.

Celle-ci, les mères la maudissent, les pères la regardent comme un gouffre d'argent, les viveurs ne l'estiment qu'au plaisir, et tous à peu près la méprisent. On lui fait fête, on la recherche, tant qu'elle est jeune et belle, élégante et gaie, bien mise, couverte de bijoux. Mais, dès qu'une maladie fatigue son corps, dès que l'âge inexorable vieillit ses charmes, les cœurs s'en vont ailleurs : les regards se détournent avec dédain, les sarcasmes et les grossièretés pleuvent sur son visage ridé, rendu plus laid par le fard ; et la malheureuse, seule en face de ses souvenirs et de l'affreuse misère, traîne une existence lamentable, soustraite quelquefois à la faim par le triste métier de pourvoyeuse, mais toujours horriblement vide de bonheur, et pleine d'amères pensées. Elle souffre de son passé, qui fait le présent plus cruel ; elle souffre d'être obligée de montrer un visage calme, quand l'estomac est au martyre, au milieu de cyniques jouisseurs qui dépensent en une nuit ce dont elle vivrait pendant un mois, et de voir avec une douloureuse indifférence de commande couler abondamment le champagne, quand elle se contenterait d'un morceau de pain, qu'elle ne peut pas demander ; elle souffre des succès des autres ; elle souffre de tout. Cette pauvre âme est comme la feuille morte qui tient encore à l'arbre, mais ne participe plus à sa vie. Elle seule sait les noirs soucis qui hantent son esprit lorsque, la nuit, rentrant de ses longues promenades inutiles, elle se voit seule au milieu de ses murs glacés, en face du spectre horrible de la faim qui la menace d'un long jour sans pain.

Mais il ne fallait pas prendre cette voie, pourrait-on répondre.

Oh ! que c'est facile à dire ! Et vous, qui le pensez, savez-vous ce que vous auriez fait, si vous aviez été à sa place ? Votre volonté n'a sans doute pas été soumise aux mêmes épreuves : des difficultés et des tentations vous ont été sans doute épargnées. Plaignez donc plutôt l'infortunée naufragée. Que chaque homme se dise : c'est nous qui l'avons mise là ; et chaque femme : c'est sans doute sa naïveté qui a causé sa déchéance.

Une autre victime de l'égoïsme de l'homme, de sa cupidité, de son esprit d'exploitation, est l'employée de commerce, ou d'industrie. Certes, on ne lui demande pas plus qu'à l'homme : mais, l'égalité de travail est une injustice quand il n'y a pas égalité de salaire. Je reconnais d'autre part que la femme n'est pas constituée pour toutes sortes de travaux, et que, l'y soumettre, c'est déterminer chez elle certaines incapacités dont la famille et la race subissent les conséquences ; cependant, là où elle est assimilée à l'homme pour la production, elle doit lui être assimilée pour le gain, et son salaire ne doit pas être regardé comme un salaire d'appoint. C'est de stricte justice. Ce n'est pas tout : il lui faut encore des égards et du respect. Or, les patrons se montrent durs envers elle, profitant de ce qu'elle est faible, et n'est pas soutenue par des syndicats ; ils tirent parti sans ménagement de ses ressources nerveuses et de son énergie morale, de sa bonne volonté et de sa soumission ; ils ne lui épargnent aucune fatigue, même inutile, l'astreignant, par exemple, au travail debout, dans l'industrie, où elle n'est pas suffisamment protégée par la loi incomplète du 29 décembre 1900 (1). Et la douce créature, faite pour l'obéissance et le dévouement, dépense sans compter les forces qu'elle ne peut pas renouveler indéfiniment, et que les occupations du foyer épuisent aussi : elle maigrit, pâlit ; les intestins, d'abord, l'estomac, ensuite, s'embarrassent et s'irritent ; puis, les sources de vie tarissant, c'est l'anémie avec son cortège de maux, ses vagues souffrances indescriptibles, ses malaises fréquents ; puis, c'est le déficit nerveux, la neurasthénie, et l'incapacité de travail, et le chômage prolongé, suivi du retour au labeur quotidien, car le courage ne manque pas. Et c'est encore le même cycle de misères ! Heu-

______

(1) M. Millerand aurait pu profiter de son retour au pouvoir, en 1909-10, pour donner suite à son idée d'étendre la disposition essentielle de cette loi aux 300,000 femmes employées dans les fabriques de cartons, de papiers, etc...

reux, quand des maladies organiques, incurables, peuvent être évitées !

Ecoutez ce que dit du surmenage, le grand pourvoyeur de la tuberculose, Mme la baronne Georges Brincard, l'une des vice-présidentes de la *Ligue sociale d'Acheteurs :* « ... Pour comprendre toutes les terribles éventualités que renferme ce diagnostic « candidat à la tuberculose », il faut avoir fait le pèlerinage de Villepinte ; il faut avoir circulé au milieu des lits où sont étendues des enfants de vingt ans, plus blanches que leurs draps qui semblent des linceuls entr'ouverts ; il faut avoir entendu la mère supérieure vous répéter presque à chaque lit : « Celle-ci était ouvrière dans une maison de couture... ou bien encore : celle-là était modiste ; il lui est arrivé une fois de n'avoir que dix-huit heures de sommeil dans une semaine. Cette autre, nous l'avons connue robuste ; mais elle était brodeuse : elle a passé des nuits entières à pailleter des robes brodées ; elle n'a pu résister... »

Toutes les femmes de cœur devraient s'unir pour empêcher ces crimes, pour épargner à leurs sœurs malheureuses des souffrances inutiles, pour défendre les sacrifices barbares d'existences de femmes à des plaisirs de femmes.

Oh ! que de dames rudes pour leurs sœurs ouvrières ! Combien sont d'une exigence féroce quand il s'agit de dépenser leur argent ! Dans les magasins, par exemple, elles sont hautaines, impertinentes, difficultueuses; elles veulent être servies à la minute, et n'excusent jamais l'embarras. Pour la satisfaction d'étaler dans une fête la dernière création, elles n'hésitent pas à faire imposer à des épouses, à des jeunes filles, des nuits de veille et de surmenage qui causent quelquefois des difficultés et des conflits dans les familles (1), ou des rencontres malheureuses, mais qui toujours épuisent et laissent dans l'organisme des fatigues que le travail du lendemain double et triple. Cependant, les femmes qui s'amusent et jouissent de l'existence devraient avoir pour toutes celles qui peinent et luttent

---

(1) Voyez ce que Mme Jean Brunhes a extrait des notes d'une jeune fille, employée de commerce : « ... Il y a quelques jours, à la fin de l'après-midi, « arrive une cliente ; elle achète un manteau auquel « des rectifications sont à faire. — Je veux mon « manteau demain matin, dit-elle ; je pars en « voyage. Arrangez-vous... Il était six heures et « demie du soir... L'ouvrière chargée des retouches « (Mme D...) était encore là... — Les jours suivants, « Mme D... ne revint pas à l'atelier. Et nous apprimes avec tristesse que cette pauvre femme, « rentrée trop tard chez elle dans la nuit, par la « faute de cette cliente trop exigeante, avait eu une « scène terrible d'un mari brutal, avait mis au

pour la vie, sans en connaître les douceurs, de la déférence, de la pitié, de la bonté. Il est juste toutefois de reconnaître que celles qui sont bien nées se comportent en général comme il faut. Mais, les parvenues ! Que voulez-vous ? On ne se fait pas en un jour une mentalité d'élite ! Cela ne s'achète pas.

Du moment que les femmes sont impitoyables pour leur sexe, il n'est pas étonnant que les hommes soient impudents. Il y a des patrons assez effrontés pour dire à des jeunes filles qui viennent solliciter un emploi : « Le traitement est faible. Vous ne pourrez pas vous suffire. Avez-vous un ami qui vous aide à vivre ? » N'est-il pas monstrueux d'escompter ainsi l'inconduite, d'y pousser, afin

---

« monde prématurément un enfant mort, et était
« morte elle-même. »
Quoi de plus douloureux ?
La *Ligue sociale d'acheteurs* s'est proposé d'empêcher ces malheurs. Voici les principaux règlements :
I. — Ne jamais faire une commande sans demander si elle ne risque pas d'entraîner le travail de la veillée, ou le travail du dimanche.
II. — Eviter de faire ses commandes au dernier moment, surtout aux époques de presse.
III. — Refuser toute livraison après sept heures du soir, ou le dimanche, afin de ne pas être indirectement responsable d'une prolongation des heures de travail pour les livreurs, les apprentis ou apprenties.
IV. — Payer ses notes sans retard.

de faire travailler pour un salaire de famine ? Comment appeler cela ? D'autres sont moins cyniques, mais n'aiment que les employées jeunes et jolies, et qui se résignent à sacrifier leur honneur à la bouchée de pain, doublement gagnée. Celles qui résistent, les « mauvaises têtes », sont en butte à toutes sortes de vexations, d'injustices, et finissent par se décourager d'être vertueuses. Et voilà comment l'on souille la femme, l'on corrompt la société dans ce qu'elle a de plus respectable, l'on tarit le bonheur conjugal en introduisant au foyer le doute qui torture et dessèche le cœur, divise et détruit la famille.

Un sort plus lamentable encore est celui de l'ouvrière en chambre. Retirée le plus souvent dans un taudis, dont l'humidité durant l'hiver prépare à la tuberculose et à toutes sortes de maladies, et qui devient, pendant l'été, une véritable étuve où elle étouffe et s'étiole, elle coud jour et nuit pour quelques sous qui ne suffisent pas à lui donner du pain deux fois par jour, et un peu de feu quand il neige, ou que tout est gelé dehors. Quelquefois, un rayon fugitif de soleil vient réchauffer ses doigts glacés et rendre l'aiguille plus adroite, plus rapide ; mais, du soleil de la vie, si gai, si chaud et si enivrant pour beaucoup, ne des-

cend jamais un rayon bienfaisant sur son
cœur refroidi et vide de consolations. Ses
mains diaphanes, son visage pâle et émacié,
ses yeux où sont éteints les feux de la santé
et du bonheur, disent à tous sa longue souffrance silencieuse et digne. Néanmoins, quand
elle vient « livrer », tremblante de fatigue et
de faim, d'espoir et de crainte, toute honteuse
de sa pauvre robe défraîchie et révélant sa
misère, elle a la cruelle douleur d'entendre
dénigrer le produit de ses peines et de ses
veilles, de voir lésiner, contester les deux sous
dûs pour la fanfreluche, par exemple, ou les
cinq sous de la chemise, ou les dix sous de
la jupe toute plissée, etc... Et pourtant, quand
elle a travaillé d'arrache-pied dix-huit ou dix-
neuf heures par jour pendant six jours, elle
ne reçoit que sept ou huit francs !

Honte à la société où pareilles choses se
voient !

Et voilà l'ingénieuse fée qui pare les belles
dames étincelantes d'or et de luxe, dépensant
des milliers de francs pour un costume de fête
dont le seul effet, quelquefois, est de faire
ressortir une arrogance de parvenue ou un
physique sans grâce, sans beauté ! Je ne suis
certes pas un naïf prêcheur d'égalité ; mais je
réclame pour l'obscure ouvrière de la beauté

féminine, pour celle qui fait de sa misère le luxe des arrogantes jouisseuses, un peu de justice et d'humanité, et une plus équitable rémunération de la part des rapaces intermédiaires. Il y a trop de femmes exploitées ! Il y en a trop qui souffrent injustement !

Plus malheureuse peut-être que l'ouvrière gagnant très péniblement sa vie, mais qui du moins n'est pas soumise à un tyran, est la compagne de l'ouvrier brutal, sans conduite, fréquentant les cabarets. Celle-ci est bien souvent une martyre. Son existence, faite de labeur, est vide de consolations. Obligée de travailler au dehors pour augmenter les ressources du ménage, elle voit avec une douloureuse impuissance son mari faire servir ce qu'elle gagne à ses vices, brisant ses résistances par des injures, des brutalités et des coups. Seule elle a soin des enfants, qui l'absorbent, quand elle rentre, et dont les souffrances physiques ou morales viennent augmenter les siennes ; seule elle a les travaux et les fatigues de l'intérieur qui contribuent à épuiser son corps, à assombrir son esprit de continuels soucis ; et, chaque jour, il lui faut lutter contre l'inconduite de son mari pour défendre la bouchée de pain due aux enfants. Elle sent les tristesses du chômage, de la grève, plus durement que son « homme » dont la vie hors du foyer est toujours plus gaie que la sienne, parce qu'il trouve des satisfactions dans les réunions et des distractions au cabaret, où, par contre, il se laisse monter la tête et les nerfs pour le malheur des siens. Elle ne connaît du mariage que les plaisirs brutaux, sans les douces manières qui font le charme des amours humaines. Sa rude nature n'en souffre pas autant sans doute qu'une sensibilité délicate ; mais, elle est femme, cependant, et, par suite, avide de caresses, d'affection ; et dans son âme, et dans sa vie, il y a alors un vide dont elle souffre, car la femme a toujours besoin d'être soutenue par cette idée qu'elle est tendrement aimée, et qu'une unité parfaite de sentiments existe entre elle et celui à qui elle s'est donnée.

Malgré cela, quels dévouements ne voit-on pas chez les femmes du peuple ! Quelles énergies, quelles sublimes vertus ne rencontre-t-on pas chez beaucoup d'entre elles ! Nombreuses sont celles qui travaillent nuit et jour pour faire face aux nécessités du ménage, avec un courage au-dessus de tout éloge, sans aucune autre satisfaction que celle de voir leur intérieur ordonné, le mari et les enfants aussi propres que la position le permet, et qui n'ont pour les heureux de ce monde ni l'envie, ni la haine que les politiciens inspirent à leurs « hommes ». Quand ces vertus ont pour récompense les mauvais traitements et les coups, ou les chagrins causés par des enfants irrespectueux, ou vicieux, ou dévoyés, et qu'elles ne se laissent pas entamer, elles sont d'un héroïsme admirable.

Dans le peuple, je le sais, il y a beaucoup de femmes qui boivent et se conduisent mal, laissent grandir dans l'abandon leurs enfants, dont elles font le malheur, et méritent ce qu'elles endurent ; il est juste toutefois d'établir les responsabilités et de faire la part des mauvais exemples et de l'hérédité, du découragement et des faiblesses humaines. Combien, parmi elles, ne sont qu'à moitié responsables de leur déchéance ! Aussi bien, la misère est mauvaise conseillère ! Enfin, la souffrance est un aiguillon dont tout le monde ne connaît pas le venin !

Une autre souffre-douleur est la femme mal mariée. Certainement, celle qui a été assez folle pour se marier sur photographie, ou par l'intermédiaire d'une agence, mérite tous ses déboires, si elle a accepté de plein gré, ou si elle n'a opposé qu'une faible résistance à ses parents ; et ceux-ci sont criminels s'ils ont imposé leur volonté, car ils savent par expérience que le bonheur en ménage ne dépend pas simplement d'un visage agréable, et qu'il faut d'autres garanties bien plus importantes. Ces sortes de mariages sont assez rares, heureusement. Mais ceux·là ne valent guère mieux, où l'on s'unit sans se connaître, après quelques jours d'observation pendant lesquels de part et d'autre on prend grand soin en général de cacher ses défauts, sa vraie nature. Quant à ceux où la question d'argent domine, ils sont affreux, immoraux. Voilà une plaie sociale. Le mariage d'argent est une des tares de notre civilisation, en même temps qu'une cause de démoralisation. S'il y a tant de ménages désunis, tant de cœurs de femmes brisés, tant de hontes dans les familles, tant d'adultères, une si forte poussée vers l'union libre, c'est parce qu'on prostitue la plus respectable des choses, l'amour, et qu'on souille la pureté de la femme, en jetant de généreuses vierges dans des bras affaiblis par la débauche, sur des cœurs desséchés qui ne palpitent plus au contact de l'innocence ; c'est parce qu'on confie des créatures faites pour aimer à des mercantis qui voient dans l'épouse une dot, dans le mariage, une affaire. Le mal a des racines profondes : on aime le luxe, les plaisirs, et l'on déteste les privations ; on redoute la peine, et l'on adore l'argent qui dispense de l'effort, procure la vie aisée, pleine de jouissances ; on veut « faire comme les autres », chose compréhensible sous un régime qui pousse à l'exagération de la personnalité, à l'égalité extérieure ; on limite le nombre des enfants, afin de leur faire une petite existence heureuse ; on les habitue, dès la plus tendre jeunesse, au confortable, au luxe même, à la mollesse, et l'on fait entrer ainsi insensiblement dans leurs jeunes esprits l'amour de l'argent qui assure tout cela ; on ne craint pas du reste d'en exalter la valeur devant eux, de le placer au-dessus de tout, et on les porte naturellement à en faire l'objet de leurs désirs, à le regarder comme le bien le plus précieux. Rien d'étonnant, alors, que les enfants élevés dans ces idées adorent l'argent et ne voient dans le mariage qu'un moyen d'augmenter leurs revenus, de vivre plus confortablement, de « paraître » mieux, de se recommander aux snobs par le luxe intérieur et l'étalage extérieur, et de se mettre au-dessus des autres, ce qui se concilie difficilement, entre parenthèses, avec l'esprit démocratique dont on se dit en même temps imbu, souvent.

Que tout cela est loin de l'amour ! Et c'est pour ce vain décorum, pour ces biens inférieurs, qu'on s'impose des chaînes difficiles à porter quand le cœur ne puise pas dans une affection profonde l'énergie nécessaire. Et l'amour ne s'achète pas. Voilà sa supériorité. Il est par essence le double don de nous-mêmes, don de l'esprit, don du corps. Sans le don de l'esprit, il n'est que sensation ; et le don de l'esprit comporte l'unité de pensées, de désirs, de sentiments, d'inclinations, de volitions, de goûts. C'est la forme la plus élevée de la passion : elle se trouve réalisée quand nous avons rencontré l'âme sœur, celle qui est si près de la nôtre qu'elle en est le prolongement dans un autre corps, celle dont la vie tout entière est suspendue à la nôtre, celle où les pensées naissent en même temps qu'en nous, et qui nous comprend sans nous parler, nous devine dans un regard, dans une pression, dans un contact, celle enfin qui est notre vie même. Cet amour-là se confond avec l'amour de soi : c'est soi-même qu'on voit dans la personne aimée ; aucune distance entre les deux âmes ; c'est l'union parfaite ; on souffre des mêmes douleurs, des mêmes chagrins ; on connaît les mêmes joies. Et l'existence est plus belle, plus douce, plus pleine, plus majestueuse, car chacun vit une double vie, faite de ce que l'on pense et de ce que l'on sent pour soi-même, et pour l'âme aimée.

Oh ! heureuses les âmes sœurs ! Elles jouissent d'un bonheur auquel rien n'est comparable.

Que l'argent est vil auprès de cela ! Est méprisable qui s'y attache exclusivement !

Sans doute, cette âme sœur ne doit pas être nécessairement pauvre ; sans doute, l'amour ne nourrit pas, et l'on ne doit se marier que si l'on est en situation de le faire ; mais, se vendre est le comble de l'ignominie !

Qu'est la richesse, auprès d'un cœur, quand on suffit à ses besoins ? On peut être le plus malheureux des hommes au sein de l'opulence la plus grande. C'est par le cœur, au contraire, que l'on vit, quand on n'est pas un intellectuel. Et même à celui-ci la vie par le cœur est nécessaire, car une existence purement intellectuelle est à moitié vécue.

Quel vide, alors, dans l'âme de la femme qui s'est mariée sans amour ! A quelle triste existence elle s'est condamnée! L'homme, plus égoïste, moins sensible en général, plus positif, absorbé par son métier, souffre moins de l'absence d'affection au foyer. Puis, son manque de scrupule, les injustices des lois et de l'opinion publique lui permettent de chercher au dehors ce qui fait défaut dans son intérieur : il peut mener joyeuse existence ailleurs ; et il use presque toujours de ce privilège. Mais, la pauvre femme ? Privée de caresses, de consolations, de tendresse, elle ne connaît que les devoirs de la vie conjugale. Rudoyée dès que quelque chose n'est pas conforme aux volontés brutales du maître, traitée plus sévèrement que les servantes, dont les sympathies sont souvent préférées aux siennes, elle n'a que les reproches et les vexations ; et son amour-propre en souffre atrocement. Chaque jour elle voit plus clairement ses rêves de bonheur déçus, ses espérances brisées, son isolement, le néant de son âme, et ses jeunes années qui s'en vont sans être vécues. En vain elle fait tout pour plaire : elle est douce, soumise ; elle veille avec un soin minutieux aux choses du ménage ; elle se pare pour recevoir le maître insensible et s'évertue à rehausser par des coiffures artistiques la grâce de son visage ; mais, le méchant ne voit rien, ne lui accorde aucun compliment malgré ses adroites sollicitations. Seule, en silence, la nuit, dans sa chambre sans amour, seule, le jour, en son absence, elle pleure amèrement sa cruelle destinée. Partout, autour d'elle, c'est le froid de l'intérêt ; entre son cœur et l'autre il y a quelque chose, ce maudit argent, l'objet de toutes les pensées, de toute la sollicitude du perfide. La malheureuse le sent, et songe à s'attirer l'ingrat par l'intérêt. Hélas ! si elle lui donne la libre disposition de son patrimoine, elle le voit s'éloigner davantage, et l'employer à ses plaisirs, à ses besoins personnels, sans en être plus reconnaissant ; si elle exerce un contrôle, elle l'irrite et crée des conflits dont elle est la seule victime, car l'autre a pour lui la loi, la maudite loi qui ne la protège point. Déçue en tout, et néanmoins toujours avide d'affection, elle reporte toute sa tendresse sur les enfants que son maître, par un raffinement d'intérêt, lui a donnés pour tenir plus sûrement son bien. Mais, là encore, il y a des causes fréquentes de malentendus, de froideur, de froissements et de souffrances : tantôt, le bourreau travaille à détacher d'elle ses enfants ; tantôt, il l'accuse de faiblesse, et tantôt de sévérité ; il la reprend vivement devant eux ; il la blâme sans ménagement et détruit son autorité, au point qu'elle arrive à n'avoir aucune influence sur eux, tandis qu'ils grandissent avec de mauvaises habitudes, avec des défauts, et ne la respecten̦t plus. Alors, sa douleur est à son comble. Toutes les attaches à la vie sont brisées ; la pauvre âme, bouleversée, désorientée, va à la dérive comme un navire désemparé, battu par la tempête, et sombre dans le désespoir, ou dans les bras d'un amant qui lui offre un refuge en son cœur. Là, c'est pour elle la honte d'un bonheur illégitime ; pour la famille, le déshonneur. Et c'est encore pour elle la souffrance dans le remords, que n'atténuent pas les malheurs domestiques, et dans la crainte perpétuelle des orages qui peuvent fondre sur sa faible tête égarée.

Quel sort lamentable !

Quelques-unes de celles qui font des mariages d'argent y échappent heureusement ! Ce sont celles qui tombent sur des hommes bien élevés et sensibles, soucieux de leur honneur, respectueux de la dignité et de la faiblesse de la femme. Celles-ci sont au moins traitées avec politesse. Leur malheur est moins grand. Mais ces hommes ne sont pas nombreux.

Une autre victime de nos mœurs, de nos mauvaises habitudes, de nos lois imparfaites, de notre système d'éducation, est la vieille fille. Ell peut certainement reprocher aux hommes leur égoïsme, parce qu'ils se sous-

traient trop facilement au devoir de se créer
une famille, ce qui entraîne des obligations,
sans doute, mais des obligations largement
compensées par des affections incomparables,
et parce qu'ils aiment mieux dépenser dans les
fêtes et les folles liaisons d'un jour leurs
forces, leur sensibilité, leur argent, en pure
perte pour la société et pour eux-mêmes ;
parce qu'ils écoutent trop souvent le dangereux conseil de rechercher les jeunes filles
richement dotées, et qu'ils ont le temps de
prendre de mauvaises habitudes et de s'éloigner du mariage, pendant qu'ils songent à se
vendre ; parce qu'ils aiment trop leur bien-
être, et redoutent de souffrir en assumant des
charges, ou qu'ils ne veulent pas réduire leur
train de vie par crainte de l'imbécillité humaine ; parce qu'ils admettent trop aisément
ce principe que l'existence doit être bien
vécue, loin de l'effort qui l'abrège en épuisant, loin de la souffrance qui vieillit prématurément le corps et l'esprit, et qu'il faut tirer
de l'être le maximum de jouissances. La
pauvre vieille fille comprend d'instinct tout
cela, et ne saurait pardonner, car elle sent en
elle-même un vide affreux que l'amour des oi-
seaux, des chiens et des chats ne peut pas com-
bler. Une partie de son être ne vit pas ; et,

quand elle n'a ni assez d'intelligence ni assez de culture pour remplir son âme de science ou d'art, le néant de l'existence lui est plus pénible. Sèche et acariâtre, sans cesse gênée de ce qu'elle sait et doit cacher, ou ne sait pas réellement, réservée et guindée par nécessité, modeste et prudente à contre-cœur dans sa mise pour ne pas faire rire en paraissant soupirer encore après le mariage, toujours craintive parce qu'elle se sent sans protecteur, embarrassée et un peu niaise en face des hommes qui représentent pour elle la débauche et la dureté de cœur, la tyrannie et l'égoïsme, la raillerie et la grossièreté, et, malgré tout, ridiculisée, caricaturée, elle traverse la vie au milieu des regards indifférents ou narquois, avec de petites attitudes gauches, de petits gestes déconcertés, des yeux vides et fuyants. Comme à la fleur des pays désolés par les soleils ardents, il lui manque, dans cette atmosphère brûlante des égoïsmes de l'homme, la goutte de rosée qui féconde et épanouit.

La crise actuelle du mariage augmente chaque jour le nombre de ces pauvres êtres languissants et tristes, inclinés sur eux-mêmes ainsi que des lys solitaires sur l'onde calme où se réfléchit leur terne image blanche. Les

jeunes gens se marient de moins en moins,
parce qu'ils aiment trop la vie facile et large ;
parce qu'on les accoutume dès l'enfance à
ne penser qu'à eux ; parce que les mères font
du mal à leur sexe en dédaignant les mérites
des jeunes filles non dotées, et qu'elles laissent
leurs fils prendre des habitudes de libertinage
qui éloignent du mariage ; parce que les femmes de mauvaises mœurs sont trop nombreuses, par la faute des lois qui protègent
trop imparfaitement la faiblesse du beau sexe,
et que les sirènes retiennent trop facilement
les hommes dans les antres de volupté ; parce
que les gouvernants ne font rien pour encourager le mariage et qu'ils ne défendent pas
suffisamment les pères de famille contre les
injustices et les charges sociales ; parce que
nos lois successorales trop naïvement égalitaires encouragent singulièrement la paresse
et l'égoïsme en assurant à beaucoup de jeunes
gens des biens insuffisants qu'ils cherchent à
accroître par un emploi de fonctionnaire, ou
une femme dotée, ou par les deux à la fois. Il a
été remarqué, en Allemagne, en Angleterre, et
principalement en France, que le nombre des
mariages, et surtout celui des enfants ont
baissé depuis 1876 à mesure que se sont déve-
loppés le goût du bien-être et l'esprit de pré-

voyance, et que les classes les plus soucieuses de confortable sont celles où les enfants sont moins nombreux. Des statistiques aussi précises que possible l'ont établi (1). L'inquiétante extension du luxe est donc pour beaucoup dans la crise actuelle du mariage. Autrefois, les gens aisés seuls portaient des bijoux et des vêtements de prix, avaient de beaux meubles, faisaient des saisons au bord de la mer ou dans les villes d'eaux : de nos jours, ce sont les riches qui donnent l'exemple de la simplicité extérieure, au moins, de l'épargne, et ce sont les prétendus pauvres, les basses classes, qui, sous l'influence des idées égalitaires, poussent à la dépense avec la pensée manifeste de se rapprocher des bourgeois. Les femmes du petit monde portent des bijoux, de la soie ; et, si les bijoux sont très souvent faux, et la soie de médiocre qualité, il n'est pas moins vrai qu'il y a là un état d'esprit dont les répercussions sociales sont plus importantes et plus dangereuses qu'on ne le pense ; il en résulte une atmosphère de luxe où celui qui ne subit pas la loi

---

(1) Ainsi, à Leipzig et à Berlin, le nombre de naissances pour 1,000 femmes de 15 à 45 ans diminue à mesure que le prix du loyer augmente. — L'esprit de prévoyance et l'amour du bien-être ont fait tomber la natalité, de 1871 à 1908, en Allemagne, de 39.1 à 32.4 ; en Angleterre, de 35.4 à 26.6 ; en France, de 25.4 à 20.1.

du milieu ne se sent pas à l'aise, et se met en
état d'infériorité aux yeux de tous ceux qui
jugent par les dehors, par le bluff, c'est-à-dire
aux yeux des trois quarts des Français. Voilà
pourquoi l'on se soumet aux manies des
bijoux et des modes, des « saisons » et des
voyages, des exhibitions et des fêtes. Et,
comme il faut de l'argent pour tout cela, on
s'éloigne des vertus qui fondent la famille, à
savoir : l'esprit d'abnégation et de sacrifice,
l'amour de la simplicité et de la modestie.

Ce sont les influences des institutions sur
les mœurs, chez un peuple mobile et peu
observateur.

Or, les femmes sont pour beaucoup dans la
tyrannie de la mode et du luxe ; non seulement elles les font vivre, par elles-mêmes, mais
elles y poussent par l'importance qu'elles y
attachent chez les hommes. Ce sont elles qui
font les familles et les sociétés simples et heureuses, ou dépensières et perpétuellement
gênées. Elles sont donc victimes de leur vanité
et de leur irréflexion dans cette crise du mariage.

Comme si ce n'était pas assez de toutes ces
souffrances, pour les malheureuses femmes,
nos législateurs incapables rendent sans cesse

leur sort plus pénible, par des lois maladroites ou injustes.

On a fermé les couvents où se retiraient, en vue de trouver des consolations dans la prière et une protection dans la communauté, les déshéritées de la vie, les âmes revenues des petitesses et des vanités du monde et cherchant le bonheur dans la contemplation de Dieu, les cœurs inaccessibles aux amours humaines, enfin celles qui, se sentant isolées et faibles en face des difficultés de l'existence, donnaient un dernier regard aux joies des autres, au bonheur de celles qui traversent la vie amoureusement appuyées sur un bras généreux, et entraient, les yeux à jamais fermés sur le monde, dans l'ombre mystérieuse du cloître illuminée par les seules clartés de l'au-delà. On a dispersé les timides créatures qui y vivaient blotties les unes contre les autres dans les contemplations supraterrestres et on les a jetées toutes craintives et éblouies, sur les chemins déserts de l'exil. On a augmenté ainsi le nombre des malheureuses ; et pour celles-ci le fardeau des épreuves devait être d'autant plus lourd que leurs faibles épaules n'y étaient pas habituées. Certes, il n'y avait pas que des prières dans certains de ces couvents : on y travaillait ; on

y amoncelait des biens ; on y faisait concurrence aux mères de famille et aux filles du
monde, plus à plaindre ; on y était coupable
de l'avilissement des salaires dont souffrent
les lingères, parce qu'on accaparait les commandes des grands magasins ainsi que celles
d'une certaine classe sociale, et qu'on y travaillait à un bon marché excessif, conciliable
avec la seule exiguïté des besoins et des charges d'une communauté ; mais, néanmoins, il
était possible de défendre les laïques avec
moins de brutalité et d'injustice, en faisant
moins de victimes. On a donné l'espoir d'un
plus grand bien pour la collectivité : jusqu'ici
l'on n'a fait que la fortune de quelques aigre-
fins, au prix de bien des ruines, de bien des
larmes, et de bien des misères qu'on n'a pas
voulu voir. Lisez plutôt les documents officiels.
Et les salaires honteux subsistent ! et les esto-
macs sont toujours exposés à la faim ! et
celles qui trouvaient dans ces asiles un vêtement, ou un morceau de pain, une main charitable pour sécher leurs pleurs, se sentent
aujourd'hui plus seules, plus miséreuses.

Mais les effets de la loi du 1ᵉʳ juillet 1901 ne
sont rien auprès des calamités accumulées
par l'interdiction de la recherche de la paternité. Toutes les fois que l'abolition de cette

injuste inégalité a été demandée au Parlement, nos législateurs sont restés sourds, par intérêt. Il est cependant incontestable que l'article 1382 du Code civil, obligeant à une réparation « l'homme qui a causé à autrui un dommage », est trop insuffisant dans sa généralité. Et, en dépit du principe élémentaire de justice « à chacun selon ses œuvres », l'homme a pu jusqu'à ce jour laisser à charge à la victime de sa lubricité et de sa lâcheté les conséquences d'un acte où il est au moins pour moitié, et où sa part de responsabilité doit lui être imposée. Je sais qu'il faut redouter les accusations calomnieuses, les scandales et le chantage : mais à quelle personne sérieuse fera-t-on accroire qu'il est impossible de protéger les innocents contre de pareils dangers, et que l'on expose le Grand Turc aux responsabilités encourues par de trop aimables Parisiens ? Le Congrès des Œuvres et des Institutions féminines, en 1900, proposa de punir les actions introduites de mauvaise foi d'un emprisonnement de un an à cinq ans et d'une amende de 50 francs à 3,000 francs (1). Aussi bien, il est juste de limiter les cas où la

____

(1) Ce sont les peines prévues, ainsi que l'interdiction de séjour, par les auteurs du projet de loi soumis au Parlement en ma. 1910.

recherche de la paternité peut être permise. Un projet de loi, soumis au Parlement, il y a quelques années, repris en mai 1910 par le Sénat avec de légères modifications, n'a pas encore été voté définitivement (juillet 1912) (1), mais le sera prochainement, je l'espère bien, car les difficultés soulevées sont d'ordre secondaire. Ce projet porte : « La paternité hors mariage peut être judiciairement déclarée : 1° dans le cas d'enlèvement ou de viol, lorsque l'époque de l'enlèvement ou du viol se rapportera à celle de la conception ; 2° dans le cas de séduction accomplie à l'aide de manœuvres dolosives, abus d'autorité, promesse de mariage, ou fiançailles, et s'il existe un commencement de preuve par écrit, dans les termes de l'art. 1347 ; 3° dans le cas où il existe des lettres ou quelque autre écrit privé émanant du père prétendu et desquels il résulte un aveu non équivoque de paternité ; 4° dans le cas où le père prétendu et la mère ont vécu en état de concubinage notoire pendant la période légale de la conception... »

Ces dispositions supprimeront certainement bien des maux, mais à la condition que les tribunaux se montrent justes et fermes.

____

(1) Il l'a été en novembre 1912, pendant que l'on imprimait cet ouvrage.

Cette façon de protéger la femme me semble infiniment supérieure à la seule *Caisse de la Maternité* demandée, il y a quelques années, par Mme Pognon, pour secourir toutes les mères nécessiteuses. L'existence de cette caisse sans une loi sur la paternité aurait pour effet de pousser à la débauche, à l'union libre désirée par des gens dits avancés, plus avancés certes que les autres, mais dans le retour absurde à la barbarie des âges primitifs, et aux mœurs des sauvages que je connais, pour les avoir vues de près. Alors, la femme, descendue du rang élevé où l'ont placée sa beauté, sa faiblesse et le charme de tout son être, la civilisation et le progrès de l'esprit humain, la femme serait de nouveau avilie et regardée comme une simple femelle, un instrument de plaisir dont l'homme se servirait au gré de ses instincts et qu'il repousserait ensuite avec indifférence et sans-gêne ! Voilà ce que veulent certains de nos dirigeants, à nous Français, sans pitié pour les 65 ou 70,000 êtres que chaque année l'on appelle à la vie, et que l'on abandonne à leurs infortunées mères, aux souffrances physiques et à la douleur morale d'une situation sociale inférieure. Il est établi pourtant que les filles-mères sont plus accessibles que les autres aux suggestions du désespoir ou de la honte, et que la misère et le manque de soins font plus de victimes parmi les nouveau-nés de cette condition. Et, quand l'autre ordre des choses ferait quelques rares victimes — ce qui n'est pas certain, du reste, et serait bien fait après tout pour ceux qui se compromettraient — ce ne serait rien auprès du martyre que la femme endure depuis si longtemps, pour la seule raison que les lois sont instituées par les hommes.

Une autre iniquité aussi scandaleuse est l'inégalité dans la répression de l'infidélité conjugale.

Assurément, la faute a des conséquences plus graves quand elle est commise par la femme ; et l'opinion publique, en se montrant plus sévère pour elle, ne s'inspire pas seulement de l'idée de la supériorité morale de la femme et de cette pensée que sa nature a des besoins moins pressants, moins troublants à cause du rythme plus lent de la vie, chez elle, mais aussi de ce qu'une faute isolée, de sa part, *peut* faire entrer un intrus dans une famille. Cependant, pour qu'un intrus entre dans une famille, il faut nécessairement deux coupables : et pourquoi attribuer à l'un moins de responsabilité qu'à l'autre, quand neuf fois sur dix c'est l'homme qui a tous les torts;

parce que c'est lui qui tente, sollicite, assiège ? Dites tout simplement que la femme doit avoir plus de vertu que lui : d'accord ; c'est mon sentiment ; mais alors, protégez cette vertu, pour qu'elle reste invincible ; et la seule façon de la protéger, c'est de frapper des mêmes peines la faute chez l'un et chez l'autre. Il n'y a pas d'autre façon de ramener l'homme à plus de circonspection, à plus de respect de la beauté féminine qui doit être aimée, vénérée, et non regardée comme un bien dont on peut user librement. Croit-on par hasard que la femme vaille moins que l'homme, ou qu'elle puisse sans souffrance effeuiller la rose de son âme comme une marguerite des champs ? Je ne parle pas des prostituées, qui sont pourtant capables d'attachement quelquefois ; mais ces jeunes filles naïves et crédules, à l'âme pleine de poésie et de sincérité, d'illusions et de droiture, qui jugent les hommes d'après elles-mêmes et se laissent prendre à leur perfidie qu'elles ne connaissent pas, ces femmes mal mariées chez qui les sens et le cœur sont plus impérieux que la conscience, et qui subissent la fascination des rêves non vécus, peuvent-elles se donner et se reprendre avec indifférence ? L'homme en est capable, lui, parce que de bonne heure il joue avec l'amour et se blase, parce qu'il a les nerfs moins délicats et le cœur moins sensible, parce qu'il est absorbé par les luttes pour l'existence, qui le détournent fatalement de la sentimentalité. Ce sont aussi les causes de son infériorité en matière d'amour, dans les choses du cœur. Et voilà pourquoi il ne sait pas aimer comme la femme, de toute sa chair, de toute son âme. Chez lui, les soucis de l'esprit combattent ceux du cœur ; le positif tend fatalement à l'emporter sur l'idéal ; son être est forcément double. Or, l'amour est exclusif ; et voilà pourquoi il n'existe sous sa forme parfaite que chez la femme. Elle seule sait incuber et développer ce sentiment, lui livrer peu à peu les parties les plus secrètes de son être, dans les longues rêveries de la couture, ou dans l'isolement de la chambre ; elle seule sait, sous les suggestions du dévouement et de la générosité qui constituent l'essence de l'amour, unir, avec une parfaite abnégation, toutes ses pensées et tous ses sentiments aux pensées et aux sentiments de celui qui a conquis son cœur, si bien qu'elle fait de son âme le reflet de l'âme aimée, d'où lui viennent la joie et la tristesse, l'impulsion et la vie. Comment alors admettre qu'elle puisse rester insensible à une infidélité ? C'est pour elle, au contraire, le déchirement de tout l'être ; c'est la douleur vibrant atrocement nuit et jour dans toutes les fibres du corps ; c'est la pensée qui s'abîme dans l'abrutissante obsession de la tyrannique image ; c'est la ruine de toutes les espérances, de tous les rêves de bonheur, et l'effondrement de tout ; c'est le vide horrible avec la troublante sensation du vertige ; c'est en même temps une crise physiologique intense qui perturbe les fonctions et altère la santé ; c'est enfin l'insupportable souffrance de l'amour-propre qui martèle au cerveau ces incessantes réflexions : « Je ne lui suffis donc plus, moi qui suis toute à lui ?... Ne m'aimerait-il plus ?... Ne suis-je plus assez belle ?... Que ne fais-je pas pour être agréable à ce malheureux ?... Une autre le possède ! C'est fini : plus jamais de bonheur pour moi !... Je n'aurais dû jamais aimer !... »

Que sont, auprès de ces tortures, les charges de l'entretien d'un enfant, pour un mari coupable ?

Oui, l'homme ne pense pas assez à ce qu'il fait endurer à une femme sensible et aimante, quand il la trompe. Si, le sachant, il le fait sans un profond remords, ou se complait dans sa faute, il est une affreuse brute, ou un misérable lâche.

Elles sont donc iniques ces dispositions légales qui punissent le mari adultère « dans la maison conjugale » d'une simple amende (Art. 339 C. P.) et la femme convaincue d'adultère n'importe où, de l'emprisonnement (1) (Art. 337 C. P.) ; iniques, celles qui assurent l'indulgence au mari qui tue, surprenant sa femme en flagrant délit sous le toit conjugal (Art. 324 C. P.), et refusent l'indulgence à la femme, dans les mêmes circonstances ; iniques, celles qui ne protègent pas suffisamment la fille du peuple, que l'on peut débaucher à treize ans, quand elle ne peut pas se marier avant quinze ans (Art. 144 C. C.) ; iniques, celles qui permettent aux maris soupçonneux d'ouvrir les lettres adressées à leurs femmes, et refusent aux épouses trompées le droit de connaître la correspondance de leurs maris et de produire devant les tribunaux, dans une instance en divorce, des lettres sous-

---

(1) Un projet de loi déposé à la Chambre et étudié par la Commission des réformes judiciaires (janvier-février 1911) porte la suppression de la peine de l'emprisonnement pour la femme adultère et une amende de 100 à 2,000 francs. De même, la Commission a approuvé un rapport tendant à l'abrogation du deuxième paragraphe de l'art. 324 C. P. excusant le meurtre commis par l'époux sur l'épouse surprise en flagrant délit d'adultère dans la maison conjugale.

traites, ou égarées ; de même qu'elles sont odieuses ces mœurs qui, sous prétexte d'hygiène publique, permettent de procurer aux maris insatiables et avides de certaines choses, aux jeunes viveurs qui veulent se blaser avant de s'établir, et même aux gamins curieux de vices et de sensations déprimantes, des instruments vivants de sensualité, estampillés, tarifés, dans des hôpitaux de l'amour, où les hideux spectacles des misères humaines et des plaies du cœur insensibilisent les nerfs et font blasphémer contre la femme.

La femme ne sera pas traitée comme il convient, elle sera la victime de l'homme, l'opprimée, tant que dureront ces injustices.

Quant à ceux qui voudraient l'homme tout à fait indépendant en amour, par l'abrogation de ces lois imparfaites qui limitent d'une façon si incomplète son égoïsme et sa bestialité, par l'abolition de tout délit d'adultère et l'institution de l'union libre, ils font honte à notre civilisation et ne sont dignes que des prostituées.

Ce sont ceux-là mêmes, d'ailleurs, qui rêvent la destruction de la civilisation et le retour à la barbarie primitive, par la suppression de toutes les disciplines qui ont fait reculer l'animalité chez l'homme et ont transformé la brute qu'il était en un être doux et sociable, capable de poésie, de musique, de science, d'amour noble et généreux ; ce sont les anarchistes, les dégénérés par le vice et l'alcool. A côté d'eux se trouvent les naïfs partisans d'un état social où la femme, comme tout, serait en commun, et où la force assurerait la possession de la femelle, pour la simple satisfaction des appétits sexuels, comme chez les animaux ; ce sont les collectivistes qui voient dans la vertu et la noblesse de cœur de la femme, dans le mariage, des sources intarissables de maux, et qui croient avoir trouvé dans les rêves d'un Allemand, cosmopolite, lypémaniaque, la formule du bonheur universel parfait, bonheur qui serait certainement une ombre insaisissable, planant sur les ruines de la société et de la civilisation, de la science et de la dignité humaine. Il y a aussi avec eux quelques esprits chagrins ou dangereusement ambitieux, cherchant l'originalité dans le paradoxe, poètes décadents et malades, romanciers prenant pour des possibilités les fictions de leur imagination, puis, quelques femmes vicieuses ou désolées de n'avoir jamais pu attraper un homme, à cause de leurs mauvais instincts, ou de leur laideur, et qui se vengent sur le bonheur des autres. Voilà le pitoyable bataillon qui ose menacer la place forte de la civilisation, le mariage fondé sur l'union sincère et loyale de deux cœurs et de deux volontés, pour les bons comme pour les mauvais jours, dans un égal respect de la personne et des droits de chacun.

D'autres, par ignorance des exigences sociales, ou par faiblesse d'esprit et entraînement, ou par suite de malheurs domestiques, dirigent contre le mariage des attaques plus sournoises, mais peut-être plus dangereuses : ce sont ceux qui veulent le divorce par consentement d'un seul.

Tel qu'il a été établi par les lois du 27 juillet 1884 et du 18 avril 1886, le divorce me semble une exception nécessitée par les faiblesses et les défauts de l'humanité, l'aveuglement de l'amour et les imprudences où tombe souvent notre nature, mais à la condition que les juges sachent interpréter comme il faut les causes indiquées par l'art. 231 « excès, sévices ou injures graves ». Le divorce sagement accordé par les tribunaux me paraît avoir certains avantages sur la séparation, même légale : il permet, par exemple, à ceux qui n'appartiennent pas à l'Eglise catholique, ainsi qu'aux libres penseurs, de refaire leur nid détruit par l'orage et de trouver dans une autre union plus prudente, plus heureuse, le bonheur personnel et le courage d'élever comme il faut les enfants issus du premier mariage ; il soustrait aux tentations du concubinage les époux désunis ; il rend la liberté à ceux qui ont été trompés, l'honneur à ceux qui ne peuvent pas porter la honte au front ; il crée en outre une situation nette au point de vue des personnes comme au point de vue des biens, tandis que la séparation de corps laisse subsister l'autorité maritale, à certains égards, et ne rend que la capacité civile (art. 311 nouveau) ; enfin, pour mon compte personnel, j'y vois une loi large, libérale, située au-dessus d'un dogme, d'une Eglise, et les lois sont bonnes à mon avis quand elles ont ce caractère d'universalité. Cependant, le mariage, étant par essence un contrat librement consenti par deux volontés, ne peut en droit et en équité être rompu par la volonté d'une seule des parties ; dans ce cas, l'égalité disparaît et l'une des parties fait la loi à l'autre ; le droit n'existe plus ; la sécurité est détruite ; le mariage devient une union temporaire, avantageuse au plus fort, au plus astucieux, à l'homme ; et il ne se fera pas scrupule d'user de ce moyen pour se débarrasser

d'une femme qui aura cessé de lui plaire parce
que l'heure du déclin sera venue, lui refusant
ainsi le droit à la vieillesse, ou bien parce
qu'elle sera devenue maladive à son service.
C'est ce qu'a fort bien dit M. Viviani au Congrès féministe de 1900, en combattant la
motion relative au divorce par consentement
unilatéral. La seule atténuation apportée par
le Congrès à son propre vœu fut que « le divorce demandé par un seul fût autorisé au
bout de trois années, quand la volonté de
divorcer aura été exprimée trois fois à une
année d'intervalle. » Le divorce par volonté
d'un seul des époux constituerait « la poly-
gamie successive », surtout depuis l'abroga•
tion de l'art. 298 du Code civil interdisant
à l'époux adultère de se marier à son
complice (1). Cet élargissement du divorce, il
faut le combattre, car ce serait la destruction
du mariage tel que nous l'entendons, et qui
est l'honneur de notre civilisation, la sécurité
de la femme honnête, notre *grande charte
sociale ;* ce serait le retour de la femme à l'es-
clavage, d'où elle est sortie, heureusement
pour elle et pour nous ; ce serait l'achemine-
ment certain vers l'union libre, désirée par le

---

(1) Loi du 15 décembre 1904.

père même du divorce, qui a dévoilé sa secrète pensée à cet égard.

Et ce serait rendre pire le sort déjà suffisamment malheureux de la femme, quand elle ne souffre pas des injustices de l'homme, puisque c'est elle qui endure les souffrances de la maternité et porte la plus lourde charge dans l'éducation des enfants.

C'est bien assez, c'est trop qu'on ait franchi la dangereuse étape marquée par la loi du 6 juin 1908, modifiant l'art. 310 du Code civil. D'après le nouveau texte, « lorsque la séparation de corps aura duré trois ans, le jugement sera *de droit* converti en jugement de divorce sur la demande formée par *l'un des époux*. » L'expérience démontrera probablement que cette disposition est plus avantageuse à l'homme qu'à la femme, et que le nombre des victimes du sexe fort se sera augmenté de la plus grande partie des *divorces progressifs*. Il est fort heureux cependant qu'on ait pris contre la souffrance physique la précaution de prescrire que « les dispositions du jugement de séparation de corps, accordant une *pension alimentaire* à l'époux qui a obtenu la séparation, conservent en tous cas leur effet. »

Les chiffres, d'ailleurs, établissent claire-

ment que le divorce est en progrès sérieux (1)
dans la société française, et qu'il pénètre
chaque année plus profondément dans nos
mœurs, tandis que croît d'une façon inquiétante le nombre des enfants naturels. Et, pendant que le concubinage s'étend, la nuptialité
reste sédentaire, ou à peu près.

Enfin, cette loi de 1908 constitue une injustice, un abus de l'autorité civile, parce qu'elle
expose des catholiques pratiquants à être mis
malgré eux hors l'Eglise. Elle est donc étroite :
elle ne protège pas également les droits de
tous ; elle est mauvaise.

Aussi bien, le mariage, chez un peuple
ardent et passionné, doit être entouré de toutes
les garanties désirables pour la femme, et ne
doit pas être abandonné à toutes sortes de
facilités, comme en Angleterre, par exemple,
où, en payant, on obtient une « spécial
licence » permettant de se marier en qua-

---

(1) Il y eut en 1894, pour toute la France, 6,419
divorces judiciairement prononcés. — En 1895 :
6,743. — En 1896 : 7,051. — En 1897 : 7,460.
Les chiffres ont baissé pendant les années 1898,
1899 ; mais ils se sont relevés depuis, sous l'influence de la campagne démoralisante menée au
théâtre et dans certaine littérature. Ainsi, dans le
premier semestre seulement de 1911, il y eut 6,374
divorces (71 de plus que dans le premier semestre
de 1910).

rante-huit heures, sans aucun papier, et en Ecosse où le mariage est encore plus facile, si bien que, dans certains cas, une union, valide là-bas, est nulle en Angleterre. Il y aurait en France le plus grand danger pour la femme et la société à rendre l'institution aussi lâche, aussi fragile.

En ce qui concerne *l'autorité maritale* et *l'incapacité de la femme mariée*, il y a. également ment des injustices criantes à relever.

Certes le mari, obligé par l'art. 214 du Code civil « de fournir (à la femme) tout ce qui est nécessaire pour les besoins de la vie, selon ses facultés et son état », doit avoir les droits et les prérogatives que comportent les responsabilités et les charges. La nature du reste a bien différencié les rôles, puisqu'elle fait l'homme plus fort, plus courageux, et la femme plus faible, plus craintive. C'est donc à l'homme de protéger, de nourrir la femme, qui en retour lui doit reconnaissance et respect ; et, dès lors, il est logique qu'en cas de différend grave le dernier mot appartienne à celui qui a le plus de charges et de responsabilités, parce que l'égalité absolue des droits engendrerait des conflits sans issue. Il est incontestable, cependant, que cette autorité, nécessaire, tourne souvent à la tyrannie, ou à la légalité d'actes honteux pour l'homme. Mais la faute en est aux parents, et à ceux qui se marient mal. Le législateur ne peut pas empêcher ces turpitudes, de même que la loi ne peut pas supprimer les imperfections, les défauts de l'espèce humaine ; c'est le rôle de l'éducation ; et voilà sa supériorité sur la loi, qui, sans elle, reste inutile. Ainsi, je suis loin d'approuver le projet de loi insensé déposé sur le bureau de la Chambre en octobre 1908 par six de ces députés qui ont la manie de s'attaquer à tout avec une ignorance déconcertante, projet de loi portant la suppression de l'art. 213 du Code civil, ainsi conçu : « le mari doit protection à sa femme ; la femme doit obéissance à son mari. »

Toutefois, je trouve excessifs, injustes, les droits du mari sur les biens de la femme. Il n'entre pas dans mon plan d'examiner ici la valeur des différents régimes au point de vue moral, et au point de vue des effets sur l'harmonie conjugale ; mais, je constate que sous le rapport des intérêts, la Française est moins heureuse que l'Egyptienne, par exemple, qui dispose à son gré de ce qu'elle possède, n'est pas tenue à l'employer aux besoins du ménage, et choisit librement l'administrateur de ses biens. Je remarque, pour ce qui est de la loi française, que, sous le régime de la communauté, le mari peut à peu près tout, que la femme n'a même pas un droit de contrôle, et que ses intérêts sont soumis aux caprices de l'homme. Je constate en outre que sous le régime de la séparation de biens, plus favorable à l'indépendance de la femme, à certains égards, mais aussi fertile que l'autre en sujets de querelles et de mésintelligence, l'épouse a besoin de l'autorisation du mari pour disposer de ses biens personnels, pour « ester en jugement » ; et je suis convaincu que si la séparation de biens était admise comme régime de droit commun, conformément aux vœux des féministes (1), cela n'assurerait pas plus de bonheur à la femme, et que l'essentiel serait toujours de bien se marier. Je préfère de beaucoup un régime où il

---

(1) Pendant la législature 1906-1910, le député Beauquier fit voter un projet de loi d'après lequel la séparation de biens serait le régime légal, et chaque époux conserverait l'administration ainsi que la jouissance et la libre disposition de ses biens personnels. A la dissolution du mariage, par la mort ou autrement, une masse, composée de toutes les économies réalisées par les deux époux, depuis le jour du mariage, serait constituée ; l'on déduirait les dettes contractées pour les besoins du ménage et l'on ferait du reste deux parts qui seraient attribuées aux époux ou aux héritiers, à charge pour eux de payer les dettes personnelles. Ce projet, modifié, est encore devant le Sénat.

y aurait égalité de droits et de pouvoirs, où le mari ne serait que l'administrateur du patrimoine commun, et où aucun acte important ne pourrait être accompli sans le consentement des deux époux, ce qui contribuerait forcément à maintenir l'esprit de solidarité dans la famille. C'est, je crois, le principe de la loi portugaise. Mais, à mon avis, la faculté de s'obliger, dans la communauté, ne doit être accordée à l'un des conjoints, agissant sans l'assentiment de l'autre, que s'il a apporté des biens, et pour ces biens seulement ; et ce pouvoir doit lui être refusé pour le produit de son travail, dû à la communauté, surtout en cas d'absence de fortune.

Une autre inégalité, dont la femme a longtemps souffert, est celle qui a rapport aux « produits de son travail personnel » et aux « économies en provenant ». Jusqu'en juillet 1907, la femme mariée ne pouvait pas disposer librement du revenu de son travail, par suite de l'imperfection d'une législation favorable aux ménages possédant une certaine fortune, mais « pas faite pour la femme de l'ouvrier », selon la juste remarque de l'éminent juriste M. Glasson. Cependant, il y avait pour nous éclairer l'exemple du Danemark où, depuis plusieurs années, les femmes mariées disposent à leur gré de l'argent qu'elles gagnent ; et le 9 juillet 1894, M. Goirand avait soumis à la Chambre un projet de loi, adopté par cette Assemblée le 27 février 1896, et portant : « Quel que soit le régime adopté par les époux, la femme a le droit de recevoir sans le concours de son mari les sommes provenant de son travail personnel et d'en disposer librement. » Malgré cela, il fallut toute l'énergie et l'infatigable activité de Mme Jeanne E. Schmahl pour arracher au Parlement la loi du 13 juillet 1907 qui permet à la femme du peuple, mal mariée, de soustraire au libertinage, aux vices et aux gaspillages de son mari, le peu qu'elle gagne si péniblement et de l'affecter aux besoins de ses enfants et à ses propres besoins, ou d'aliéner à titre onéreux les biens ainsi acquis, sans l'autorisation de son mari. Mais, malheureusement, en vertu de cette loi du 13 juillet 1907, la validité de ses actes est subordonnée à la « justification... qu'elle exerce personnellement une profession distincte de celle de son mari. » La loi est donc insuffisante.

Enfin, il était temps qu'on permît à l'époux victime de l'égoïsme et des vices de l'autre (le plus souvent, la femme) « de saisir-arrêter et de toucher des salaires ou du produit du travail de son conjoint une part en proportion de ses besoins » ; et ce, sans grands frais, par un jugement du juge de paix du domicile du mari. (Loi du 13 juillet 1907.) Il faudrait encore que tous frais quelconques d'huissier, et autres, fussent épargnés aux prolétaires.

Voilà bien des souffrances physiques épargnées à la pauvre femme, aux enfants.

Mais, les souffrances morales causées par une lutte incessante contre un mari ivrogne, ou joueur, ou débauché, et qui veut de l'argent, et qui use de sa force physique pour en avoir, en dépit de la loi ?...

C'est affaire de moralité et de mœurs. L'on ne peut améliorer réellement le sort des masses qu'en les moralisant ; et, si la moralisation n'est pas la fonction directe du gouvernement, si c'est plutôt du domaine privé, l'État doit au moins encourager les initiatives, sans aucune préoccupation politique ou philosophique ; et il doit bien se garder de nuire à ces initiatives par des actes injustes ou amoraux, ou bien en travaillant à détruire la morale religieuse, celle du peuple, par des encouragements à l'irréligion, par des manifestations d'athéisme. Or, il est pénible de constater que nos gouvernants n'ont pas toujours observé sur ce point une prudente réserve, depuis quelques années, pour des raisons que nous avons indiquées ailleurs (1) ; de sorte que les sages dispositions légales qu'on a prises sont insuffisantes ; et les injustices dont souffre la femme demeurent aussi nombreuses.

Il faut y ajouter les iniquités et les maux venant de quelques lois mal faites (2). Ces lois ont été sans doute inspirées par la généreuse pensée de protéger la femme contre le surmenage et l'exploitation ; mais elles ont eu pour effet de rendre plus triste son sort, en provoquant l'abaissement des salaires et les refus d'emploi motivés par les sévérités tracassières des règlements et les vexations des enquêtes continuelles, ainsi que par les menaces des visites fréquentes des inspecteurs. De sorte qu'en définitive, c'est encore l'homme qui est protégé contre la femme. Voilà pourquoi le féminisme, même chrétien, demande l'abrogation « de toutes les lois d'exception qui régissent le travail des femmes » et réclame « la liberté du travail, sans autre réglementation que les forces, le courage, les besoins du travailleur. »

---

(1) Voir « La Loi du Nombre ».
(2) Telles sont les lois du 2 novembre 1892 et du 30 mars 1900, les plus importantes.

Ce serait tomber fatalement dans un mal plus grand.

Le contrôle de l'Etat est nécessaire, parce que le patron est en général enclin à exploiter le travailleur, et que l'individu, de son côté, est très souvent porté à borner sa vue au présent, à écouter son intérêt immédiat, sa cupidité, sans se soucier du lendemain, sans songer à la race ; il faut alors que l'Etat, dont la pensée doit embrasser le présent et l'avenir, dont l'œuvre est inspirée par de grands desseins, protège l'individu contre les exploiteurs, contre lui-même, et contre la dégénérescence par l'intensité immodérée de l'effort

Une fois encore, tout cela prouve l'insuffisance des dispositions légales pour assurer l'harmonie des forces sociales et le bonheur des individus, aussi bien que la nécessité inéluctable de créer des mœurs et un esprit public favorables à l'accord des intelligences et des cœurs.

Or, les mœurs se corrompent de plus en plus, avec la complicité des dirigeants, sous l'action violente des égoïsmes. On en est arrivé à se demander si l'on n'est pas bête, ou arriéré, quand on parle de devoir, de conscience, d'honnêteté, de droit ! On remue aujourd'hui ces grandes idées avec une timidité qui ressemble à la peur ; on n'ose plus les étaler hardiment ; on redoute le rire cinglant, l'ironie qui déconcerte et fait souffrir dans l'amour-propre. Chacun se sent plus ou moins fortement orienté vers le scepticisme moral, la jouissance et l'intérêt personnel, et s'oppose de moins en moins à l'effacement des principes directeurs de la conscience. On a commencé par admettre qu'en politique il n'y a ni bien ni mal, ni devoir ni justice, que tout est permis, et que la fin justifie les moyens. Par cette brèche, d'autres négations sont entrées dans la conscience et ont attaqué le sentiment de la dignité personnelle, l'universalité et l'obligation du devoir, le désintéressement, la générosité ; et l'âme des politiciens d'abord, puis, celle des gens qui reçoivent d'eux la direction, se sont embrumées dans les luttes sans fin et démoralisantes pour le pouvoir, les honneurs, la fortune, la jouissance ; et l'égoïsme déborda de toutes parts, grâce à des institutions qui favorisent son expansion, exaltent la personnalité ; et l'intérêt individuel provoqua dans l'âme française l'éclipse de tout idéal moral élevé. Enfin, l'intérêt amena les politiciens et les gouvernants à combattre l'idée religieuse ; et l'on assiste aujourd'hui au spectacle navrant donné par un certain

nombre de soi-disant intellectuels, occupés à
démolir la digue la plus puissante qui ait été
élevée contre les passions et la bestialité de
l'homme. Si c'est un intérêt qui guide cette
partie de l'élite, il y a crime ; s'il y a sincérité,
elle se disqualifie par son défaut de jugement,
parce que si la science est impuissante à démontrer les hypothèses spiritualistes, elle n'a
pas encore pu jusqu'ici démontrer les hypothèses contraires ; parce que cette élite abuse
de son autorité, le plus souvent officielle, pour
présenter des propositions douteuses comme
vraies à des esprits enclins à admettre sa supériorité, sous l'influence enveloppante des
situations, dues quelquefois à une réclame
impudente ; parce que le trouble qu'elle jette
dans les idées et les esprits est plus préjudiciable que la croyance tranquille ; parce que
la plus grande circonspection doit être apportée dans les débats publics sur ces questions
où un très petit nombre d'intelligences sont
capables d'arriver à une opinion éclairée, tandis que les quatre-vingt-quinze centièmes de
l'humanité sont dirigés par l'intérêt, ou la
passion, ou l'ignorance, à travers les opinions
inaccessibles à leur entendement ; parce qu'on
ne doit rien détruire de tout ce qui contribue à
rendre l'homme meilleur ; parce qu'on n'a

pas le droit de jeter le trouble dans la conscience de l'individu et de lui ravir les consolations puisées dans les idées religieuses, quelles qu'elles soient, de ruiner les fondements de la vie morale.

Le crime est impardonnable quand la victime est l'âme de l'enfance, naïve et faible, impuissante et sans expérience, et qu'on y sème le doute et la négation systématiques, agents de corruption pour toute mentalité médiocre ou inférieure, pour tous ceux qui n'ont pas atteint un certain degré de culture.

Une crise morale inquiétante est née dans le pays, et y est développée volontairement par ceux dont la mission est tout autre. Je ne veux pas dire que la politique soit la seule cause de cette dépression morale, qu'elle soit comme le fumier où poussent du soir au matin des champignons aux séduisantes couleurs, mais vénéneux ; je sais que l'espèce humaine est vouée à certains vices qui se retrouvent partout ; mais, c'est précisément parce que ces vices sont inhérents à notre nature, et tendent instinctivement à se développer, qu'il faut se garder d'en favoriser l'expansion ; et je soutiens que les politiciens et les gouvernants ont fait le plus grand mal au pays, ainsi qu'à la civilisation, en déchaînant la haine de la religion par intérêt politique, en poussant à la démoralisation par l'achat des consciences, par la violation des droits des opposants, par l'asservissement du pouvoir judiciaire aux influences politiques qui font aujourd'hui l'honnête et le juste, le droit et le devoir.

Et que devient la femme dans cette affreuse mêlée d'intérêts et de passions ? Trop faible pour défendre par la force ses droits et sa dignité, impuissante sur le mouvement des idées et les directions politiques parce qu'elle ne vote pas, trop sensible pour n'être pas facilement vaincue dans les combats du cœur, elle est emportée, ballottée dans l'immense remous des passions, où ses nerfs se brisent dans une lutte inutile, et sa tête se trouble ; puis, paralysée, elle devient un jouet.

C'est sa destinée d'être la principale victime du relâchement des mœurs. Dès que ce phénomène social se produit, elle est atteinte en tout et partout : épouse, elle souffre de voir son amour insuffisant à remplir le cœur de celui qui est tout pour elle ; mère, elle souffre de se sentir désarmée contre les effets dissolvants des mauvais exemples sur ses enfants, sur ses fils surtout, qu'elle ne peut pas défendre contre la contamination ; elle souffre de toutes les injustices que les lois sont impuissantes à empêcher ; elle souffre de voir sa dignité constamment souillée par des contacts, des attitudes, des paroles, des insinuations et des doutes qui froissent sa délicatesse et ternissent sa conscience ; elle souffre enfin de toutes les mauvaises manières des hommes.

Remarquez, je vous prie, combien nos mœurs changent, au point de vue de la politesse, depuis quelques années. Il n'y a pas longtemps, dans les omnibus et les tramways, les messieurs bien élevés, et même les hommes du peuple, se levaient pour faire place aux dames ; ils s'effaçaient devant elles sur les trottoirs, leur cédaient le pas au seuil des portes ; et les belles passaient heureuses de leur royauté, entourées de respect. C'était plaisir de voir cela dans les grandes villes, à Paris surtout ; cela faisait l'admiration des étrangers : c'était notre distinction, notre noblesse ; c'était bien français. Aujourd'hui, les dames sont laissées debout ; elles sont souvent frôlées sur les trottoirs étroits où l'on ne leur cède plus toujours la place ; leur sensibilité d'abord choquée s'en accommode déjà ; et la grossièreté triomphera. Il y a même des femmes qui croient établir l'égalité des sexes en refusant de l'homme des témoignages de politesse, regardés par elles comme une inutile déférence pour leur faiblesse, qu'elles nient, comme une offense !

Etrange aberration !

Les excentricités de ce genre étalées par certain féminisme, les allures parfois cavalières des jeunes filles et des dames de la bonne société et leur manque de tenue, leurs conversations trop libres, leur tendance à imiter par le costume et le fard les femmes de mauvaise vie, que l'on rencontre partout et qu'on ne discerne pas toujours facilement, tout cela contribue au déclin de l'urbanité française, au relâchement des mœurs, à l'affaiblissement du respect dû à la femme ; et de tout cela souffre certainement la femme distinguée, fleur de la civilisation, qu'il faut protéger contre toutes sortes de froissements.

Les viveurs sont pour la plupart à l'égard des dames d'une effronterie révoltante, due à la fréquentation des dévergondées, envers qui ils se permettent tout, et d'après lesquelles ils jugent les autres. Ils sont portés par habitude à ne rechercher dans la femme que le plaisir et à ne voir que ses qualités physiques, à lui enlever sa charmante chasteté et à la plier peu à peu au rôle inférieur d'agent de volupté. Insensiblement ils tendent à faire perdre à la femme du monde sa délicatesse et ses exquises manières.

Quant à l'homme du peuple, il a des mœurs trop rudes pour comprendre et ménager la sensibilité de la femme ; il est trop exalté par les passions politiques et l'alcool pour avoir envers elle la douceur, la déférence et la générosité qui conviennent. La grande dame, elle, est à ses yeux le type haïssable de l'exploitation sociale, l'exemple le plus révoltant de ces êtres qui ne font rien et jouissent insolemment du travail d'autrui, de toutes les douceurs de la vie.

Voilà encore comment la politique a fait à la femme un sort plus malheureux, en déchaînant contre elle les passions et les haines.

Et, comme s'il ne suffisait pas d'avoir créé un état social qui lui est si préjudiciable, on veut rendre plus intense la crise morale dont elle souffre en la poussant follement dans le grand courant d'idées où l'intelligence de l'homme est en voie de se perdre, et son sens moral de s'égarer. Sous prétexte d'éclairer son esprit et d'armer son cœur pour les luttes de l'existence, on l'initie à des doctrines pour la compréhension desquelles il faut une puissance d'intelligence que peu d'hommes possèdent, et où elle ne peut apporter que son cœur ardent, principe d'égarement ; on s'applique avec une froide et folle énergie à détruire les croyances religieuses chez cette pauvre créature faite de nerfs et de passions, d'une sensibilité souvent maladive, toujours avide de consolations, de mystère et d'amour, et l'on substitue dangereusement aux fortes croyances ataviques la sèche idée du devoir « impératif catégorique », ou « appropriation de l'individu au milieu social », ou « bien de l'espèce », avec les concepts altiers d'autonomie, de responsabilité envers la conscience ; on suscite ainsi en sa pauvre âme, instinctivement amoureuse des calmes et douces croyances du cœur, d'amers conflits d'idées que son instruction insuffisante ne peut pas toujours résoudre, et l'on provoque une rupture d'équilibre moral favorable au débordement des mauvais penchants ; on la pousse à la conquête des diplômes où son orgueil trouve une satisfaction souvent inutile, parce que les droits conférés sont illusoires et qu'il faut encore conquérir une place au prix de pénibles luttes qui usent son énergie, désespèrent son âme, et la mènent de déception en déception au jour où épuisée, vaincue, seule en face de ces pensées qui l'ont « déféminisée » et qui ont peut-être éloigné les cœurs,

elle entend la plainte troublante de l'amour ;
on la pousse à l'union libre où les laiderons pourront faire naître des curiosités sans
conséquences pour les généreux séducteurs, où
les passionnées et les vicieuses pourront donner libre cours à leurs instincts, mais où les
unes et les autres seront certainement victimes
de l'homme ; et, pour y amener sûrement, facilement la femme, on voudrait établir en
France la coéducation, « la vie en liberté, en
joie, en beauté » à tous les degrés de l'enseignement public, comme aux Etats-Unis.

Le principe en a été voté à l'unanimité au
Congrès de 1900 ; et, d'après M. Buisson, une
haute autorité en matière pédagogique, la
coéducation donne aux jeunes filles américaines « une réserve, une modestie, une tenue
toute féminine, sans lesquelles, elles le sentent
bien, elles perdraient tout leur prestige aux
yeux de leurs compagnons d'études. » Mais,
M. Buisson est à peu près seul, jusqu'ici, à
avoir découvert cela : la liberté d'allure et de
langage des jeunes américaines est connue de
tout le monde. Et puis, une institution de ce
genre, sans inconvénients chez un peuple
froid, aux mœurs et aux lois rigides sur
la question du respect dû à la femme, peut être
dangereuse chez un peuple à sang chaud,

n'ayant ni les mêmes mœurs, ni les mêmes principes. Le triste exemple de « l'orphelinat rationaliste (!) » de Cempuis est là, dont on avait cependant dit tant de bien, où la nature évoluait autrement que partout ailleurs, au point que « la voix des enfants ayant même atteint leur seizième année ne muait pas encore. (1)

En somme, pendant que... certaine littérature pousse follement au féminisme et tend à révolutionner la femme, sans que l'idée vienne aux imaginatifs de cette école de se demander où l'on va, où l'on peut aboutir, tout grisés qu'ils sont du bonheur purement égoïste de trouver du nouveau et de paraître originaux ou avancés, les politiciens et les gouvernants tentent tout pour accaparer la femme et la faire servir à leurs intérêts, à la conquête du nombre qui assure le pouvoir, et le reste. Chaque parti cherche à la gagner : les révolutionnaires, qui la catéchisent avec ardeur, n'attirent jusqu'ici que les exaltées et les dépravées, parce que leurs doctrines répugnent

____

(1) Rapport de Mme Mary Léopold-Lacour (Congrès de 1900). Voir *la Fronde* du 9 septembre 1900.

instinctivement au clair bon sens et à la dignité naturelle de la femme ; les radicaux craignent sa droiture et ses sentiments religieux ; les catholiques, qui veulent conserver son esprit et son cœur, ont fait et font beaucoup pour elle, mais la compromettent ; de sorte que l'on en est encore au flirt, heureusement.

La femme aura peut-être le temps de réfléchir très sérieusement à son intérêt, de le bien comprendre, et de donner à ses revendications une orientation sage et ferme..

Je suis profondément convaincu qu'en se laissant entraîner dans les luttés violentes des partis elle ne ferait que compromettre gravement sa valeur morale et son bonheur.

Le « *féminisme* » a déjà remporté de brillantes victoires, et peut faire aboutir ses légitimes revendications actuelles sans qu'il lui faille subir la souillure des politiciens : il peut obtenir tout ce qui est raisonnable de la galanterie française et de la justice d'un Parlement moins esclave des intérêts politiques, plus soucieux du droit.

II

Les revendications féministes
Ce qu'elles ont de raisonnable
Les exagérations
Supériorités et infériorités de la femme

Le *féminisme* est la tendance sociale actuelle à étendre les droits et les libertés de la femme, à améliorer son sort.

L'impulsion est venue sans doute de l'Amérique, où la femme jouit d'une indépendance qui nous choque souvent, et la fait ressembler plus aux hommes qu'aux femmes de France ; mais il est incontestable que les revendications féministes, quoiqu'elles datent de quelques années seulement (1), sont fondées, et sur des droits éternels, imprescriptibles, sur de longs siècles d'injustices et de souffrances, que notre civilisation n'a pas encore abolies. Voilà ce qui

---

(1) De 1869, peut-être, époque de la publication de « *L'Assujettissement des Femmes* », de Stuart Mill.

constitue la force du féminisme et commande une respectueuse sympathie à ceux qui étudient la question.

C'est avec ce sentiment, et aussi avec la générosité réfléchie due par tout homme au sexe faible, que je vais examiner les principales revendications ; je le ferai avec la plus grande sincérité intellectuelle, n'ayant en vue que le bonheur et la dignité de la plus belle et la plus noble partie de l'humanité.

De tous les droits réclamés par les femmes, celui pour lequel dans plusieurs pays elles luttent avec la plus grande énergie, et le plus important effectivement, c'est le droit politique.

Quand nous l'aurons, comme les hommes, disent-elles, on nous écoutera et l'on nous rendra justice.

Et voilà pourquoi aux Etats-Unis, en France, en Italie, et surtout en Angleterre, les féministes s'efforcent d'imposer aux gouvernements la reconnaissance de leurs droits.

En Angleterre, où les femmes votent déjà pour les Conseils de district et de comté, les « *suffragettes* » mènent grand tapage depuis 1908 pour obtenir le droit de participer aux élections parlementaires. Elles se rendent en nombre aux réunions politiques où doivent parler les ministres et hachent leurs discours d'irrépressibles interruptions. Elles vont à la Chambre des Communes, s'attachent aux bancs pour rendre plus difficile et plus longue leur expulsion, et, pendant qu'on les détache, elles crient leurs revendications en lançant des proclamations dans la salle. Elles manifestent devant le Parlement, sous les fenêtres des ministres, brisent les glaces de leurs voitures, les invectivent dans la rue. Quand elles sont arrêtées, elles soufflettent les agents de police, ou leur égratignent le visage ; condamnées et jetées en prison pour refus de payer l'amende, elles repoussent toute nourriture et mettent leurs geôliers dans l'obligation de les nourrir de force, à l'aide d'un tube en caoutchouc qui provoque des vomissements et des malaises qu'elles supportent avec un courage admirable, mais inutile, ne souffrant que d'être obligées de renoncer au soin de leur toilette. Elles organisent des meetings monstres (1).

---

(1) Celui du 17 juin 1911, à Londres, comprenait environ 40,000 femmes de tous les rangs de la société. Il fut précédé d'une manifestation faite par un cortège de 10 kilom. — Le 1er et le 4 mars 1912, elles ont attaqué en grand nombre deux ministères et ont brisé les glaces des magasins dans les plus belles rues de Londres.

Elles ont déterminé des députés, M. Charles Dilke d'abord, puis M. Shackleton, à déposer des projets de loi en leur faveur. M. Shackleton fut même admis le 14 juin 1910 à exposer son projet devant la Chambre des Communes. Bien plus, les « suffragistes » réussirent à obtenir une audience de leur irréductible « ennemi », M. Asquith ; mais, M. Asquith reçut aussi immédiatement après une délégation des « antisuffragistes » ; et les espérances laissées aux « suffragistes » par le premier ministre furent bientôt ruinées par son opposition à la discussion du projet Shackleton. La Chambre des Communes, de son côté, décida, le 12 juillet 1910, par 320 voix contre 175, de ne pas passer à la discussion du bill Shackleton, impressionnée sans doute par cet argument décisif, qu'un gouvernement placé sous la dépendance des femmes serait sans autorité en face de 300 millions d'Orientaux pour qui les femmes ne doivent pas commander. Le *bill de Conciliation* n'eut pas plus de succès : il fut repoussé en mars 1912.

Le rôle que les « suffragettes » ont joué dans les élections de janvier 1910, pour le renouvellement de la Chambre des Communes, a été considérable. On sait d'ailleurs qu'en Angleterre les dames, même celles de la plus haute aristocratie, prennent part depuis longtemps aux grandes luttes électorales, et ne dédaignent pas de fausser les scrutins en achetant les votes de cette exceptionnelle monnaie d'amour pour laquelle l'électeur peut se vendre sans déshonneur : serrements de mains, doux sourires, capiteux baisers. Tout le monde, là-bas, a entendu parler du geste mémorable de la belle duchesse de Devonshire payant d'un large baiser le vote d'un rustre.

Le féminisme français est moins tapageur, quoiqu'il ait manifesté assez énergiquement son existence aux élections municipales de Paris, en mai 1908 (1) et en mai 1912, et surtout aux élections législatives du 24 avril 1910 ; mais il est aussi actif, et lutte par la parole, par la plume, avec courage et opiniâ-

---

(1) Une demoiselle posa sa candidature dans un arrondissement de Paris ; elle eut un certain nombre de voix. — Aux élections législatives du 24 avril 1910, des dames se présentèrent dans plusieurs arrondissements de Paris. On les laissa faire. On ne tint pas compte des voix obtenues par elles, bien que l'une d'elles, Mlle Marguerite Durand, eût fait faire par huissier « sommation à M. le ministre de l'intérieur d'avoir à donner les instructions nécessaires pour qu'il soit fait état et tenu compte dans les opérations de dépouillement de sa déclaration de candidature. »

treté. Il a fondé au commencement de 1909
« L'Union française pour le suffrage des femmes » qui comptait 6,000 membres vers le
milieu de l'année 1912, et comprenait des sec-
tions ou des « groupes organisés » dans 45
départements, avec un « Conseil national » ;
il entretient des relations avec « l'Alliance internationale pour le suffrage des femmes » et
assure plus d'abonnés que les autres pays (1)
au Bulletin mensuel de l'Alliance, « Jus suf-
fragii » ; il a su provoquer la formation à la
Chambre d'un « Comité parlementaire des
droits de la femme » qui comprend plus de
180 membres ; il a fait déposer le 25 octobre
1909, sur le bureau de la Chambre, par M.
Louis Marin, une pétition signée par 3,000
électeurs en faveur du « droit (des femmes) de
déléguer des mandataires au Parlement et à
l'Hôtel de Ville » ; il est représenté par un
grand nombre de femmes médecins ou avo-
cats ; enfin, il veut fonder une *Académie des
femmes françaises*, et a gagné à cette idée
beaucoup de membres de l'Institut.

---

(1) 133 abonnés sur 206 pour l'édition française.
(Les abonnés à l'édition anglaise étaient au nombre
de 596 en octobre 1910). — Mais ces abonnés n'é-
taient pas tous anglais.

Voyons les raisons que la femme fait valoir en faveur de ses droits politiques.

Elle allègue que comme l'homme elle paye l'impôt, contribue aux dépenses des services publics, du Parlement, et que le sexe doit en bonne justice être représenté dans ce Parlement qui décide de ces dépenses. « Le droit de représentation étant le corollaire direct du devoir de payement de l'impôt, c'est proprement exercer la tyrannie que de rendre pécuniairement responsables des personnes à qui la qualité de citoyen est refusée. C'est le vol légalisé. » (1)

Elle affirme la nécessité de l'égalité des sexes, pour le plein développement de l'un et de l'autre, et regarde la privation des droits politiques comme une aggravation de cet état d'infériorité dans lequel la maintiennent injustement les lois régissant le mariage, le travail. la tutelle, etc...

Elle dénonce le mauvais usage que l'homme fait du droit électoral, et assure qu'elle en est sinon plus digne, du moins aussi digne, par son intelligence et son cœur, sa moralité et

---

(1) De Mme Jeanne E. Schmahl. Voir *La Française* du 14 mars 1909.

son expérience, par les responsabilités qu'elle a dans l'éducation des enfants.

Elle tire argument du principe posé par le « *suffrage universel* », et montre la contradiction entre le mot et la chose, puisque le suffrage dit universel laisse en dehors du droit de vote plus de la moitié de la société, et tout un sexe frappé *a priori* d'incapacité.

Elle invoque l'unité sociale créée par la nature et les nécessités des choses, qui poussent vers les mêmes destinées les deux sexes liés indissolublement ; et elle revendique le droit d'agir directement sur ces destinées, de ne point subir à perpétuité la direction maladroite de l'homme, son action préjudiciable à l'harmonie sociale.

Elle fait remarquer que les femmes votent déjà en Angleterre, en Australie, en Nouvelle-Zélande, en Suède et en Norvège, en Finlande, en Danemark, au Canada, dans dix Etats de la République des Etats-Unis, et qu'elles ont donné jusqu'ici des preuves de sagesse politique.

Elle allègue encore que la loi du 23 janvier 1898 a accordé aux commerçantes le droit de concourir à l'élection des membres des tribunaux de commerce (1), que les lois du 27 mars

______

(1) Elles ne peuvent pas cependant être appelées à faire partie d'un tribunal.

1907 et du 15 novembre 1908 ont conféré le droit de vote aux ouvrières et aux employées de commerce et d'industrie, ainsi que l'éligibilité aux Conseils de prud'hommes, et que l'électorat politique doit s'ensuivre.

Enfin, à ceux qui pensent, à tort d'ailleurs, que l'électorat politique est lié au service militaire, certaines femmes répondent : « Nous sommes prêtes à porter les armes, à payer l'impôt du sang, comme les hommes. » L'Association suffragiste de Stockholm a émis, le 24 novembre 1910, un vœu en faveur du service militaire des femmes. En France, Mˡˡᵉ Madeleine Pelletier, qui s'est faite la « soldate » de cette idée, et aime, paraît-il, à se voir en costume militaire, confesse cependant que sa campagne reste sans succès, en dépit des exemples que, pour éveiller l'ardeur de ses compatriotes, elle va chercher dans les guerres de la Révolution (1) et du premier Empire, où de nombreuses femmes et de nombreuses jeunes filles, dissimulant leur sexe, se sont conduites comme des héros sur les champs de bataille.

Cet aveu rend donc superflue la discussion

----

(1) A Valmy et à Jemmapes, par exemple, se signalèrent les sœurs Félicité et Théophile de Fernig.

sur ce point. Du reste, la femme, à de très rares exceptions près, est si impressionnable, si sensible, qu'elle a une invincible horreur du sang, et ne peut voir des chairs mutilées, des cadavres pantelants. Cette émotivité fait pour une grande partie le charme de son être. Et puis, elle n'a point la force physique nécessaire au dur métier des armes, si pénible à l'homme lui-même. Et comment porterait-elle le sac? Cela ne lui serait facile que si elle avait une poitrine d'homme, chose désirable ni pour l'enfant, ni pour nous, ni pour l'art qui serait privé d'une source de beauté et d'harmonie. Et qui s'occuperait des enfants, à la maison, quand la mère, ou le père et la mère seraient au régiment? Il faudrait faire naître les enfants grands et capables de se passer de leurs parents. Enfin, sur les champs de manœuvre, ou de bataille, les troupes féminines seraient-elles réunies aux troupes masculines, ou séparées? La réunion engendrerait certainement l'émulation et permettrait aux chefs d'obtenir beaucoup, mais au prix de la ruine rapide et totale de la santé des femmes, et de quels écarts, de quelles conséquences!

N'insistons pas davantage.

L'idée est insensée, inconciliable avec tout ordre raisonnable des choses. A ceux qui culti-

vent le paradoxe pour se donner une certaine
singularité, que les naïfs appellent « l'originalité », je demande tout simplement : « Êtes-
vous prêts *sincèrement* à y envoyer vos femmes et vos filles ? »

L'argument tiré de la connexion assez
habilement établie entre l'électorat consulaire,
ou l'électorat « prud'hommal », et l'électorat
politique a certes plus de valeur.; mais voyons
de près les choses.

Les lois du 23 janvier 1898, du 27 mars 1907
et du 15 novembre 1908 ont posé le principe
de l'égale protection des biens et de l'honneur
des patentés des deux sexes, des droits des ouvriers et des employés des deux sexes ; et
c'était nécessaire parce que des juges élus par
les hommes seulement étaient exposés à ne pas
pouvoir se défendre d'une certaine partialité
pour leurs électeurs. Or, il s'agit ici d'un droit
inhérent à la personne humaine, celui de travailler et de posséder ; et la protection des
droits de ce genre doit être égale, doit offrir aux
individus toutes les garanties possibles, dans
un pays civilisé. Le principe, du reste, était
déjà appliqué ailleurs, puisque, créancière, la
femme votait déjà dans les assemblées de
créanciers, pour la défense de son bien, sur

l'utilité ou l'inutilité d'un concordat, puisque déjà elle prenait part aux élections des Conseils d'administration des sociétés ou des compagnies, comme actionnaire. Aussi bien, je ne vois à l'éligibilité de la femme, à ces différentes assemblées, que les inconvénients provenant de sa faiblesse de caractère, de l'instabilité de ses idées, et de son habitude d'écouter plutôt les arguments du cœur que ceux de la raison. Néanmoins, même avec les mœurs actuelles, il ne serait pas impossible de trouver des femmes de caractère et dont l'esprit de justice serait supérieur à celui de beaucoup d'hommes, car le sexe dit fort est trop souvent, depuis quelques années surtout, enclin aux compromissions et aux combinaisons peu honorables, à l'esprit de coterie d'où le sentiment du devoir est banni. Enfin, il s'agit, ici, de choisir des arbitres qui soient capables de juger en conscience les « contestations relatives aux engagements et transactions entre négociants, marchands et banquiers, les contestations entre associés, et celles relatives aux actes de commerce entre toutes personnes... », ou bien « les différends qui peuvent s'élever à l'occasion du contrat de louage d'ouvrage dans le commerce et l'industrie » ; les jugements sont rendus d'après des lois

faites par d'autres, et que ces juges n'ont ni à
reviser, ni à modifier ; de sorte que leurs
actes n'ont qu'une valeur de fait, et sont
sans portée générale. Nulle action de l'électeur,
ici, sur l'ensemble de l'organisme social.
Combien, alors, l'électorat consulaire et l'é-
lectorat prud'hommal sont différents de l'électorat politique ! Celui-ci confère le pouvoir
d'agir sur les intérêts publics, d'imprimer une
direction à l'Etat et de lui insuffler la vie.
L'exercice de ce droit exige une certaine puissance de conception et d'action, de l'expérience, de la science, des vertus civiques (1).
Certes, il n'est pas impossible de trouver tout
cela chez des femmes ; au contraire, je suis
convaincu que beaucoup, dans l'exercice de
cette fonction, seraient supérieures à beaucoup
d'hommes par leurs qualités intellectuelles et
morales ; mais, tout ce que je veux établir,
pour le moment, c'est qu'il n'y a aucune
connexion nécessaire entre les deux électorats.

Il n'a pas une plus grande valeur logique
le raisonnement suivant : les femmes votent

---

(1) Nous avons montré ailleurs les difficultés de
la science politique. — Voir « Conditions et limites
du Gouvernement par la Majorité », p. 120 et s. q.

en Australie, aux Etats-Unis d'Amérique, en Norvège, en Danemark... ; donc elles doivent voter en France.

Si quelqu'un venait vous dire : « Les femmes de l'Inde s'enveloppent le corps, de la tête aux pieds, d'une étoffe d'une seule pièce : les femmes de France doivent s'habiller de la même façon. » Que répondriez-vous ? Très probablement ceci : « Mais chaque pays a ses mœurs, ses coutumes, imposées par les traditions et les nécessités du milieu ; et l'on ne peut pas introduire arbitrairement chez un peuple une institution en opposition avec son esprit et ses habitudes, ses idées et ses goûts. »

Il est permis d'objecter qu'il peut n'y avoir aucune nécessité de changer les façons de vivre, de s'habiller, de saluer, mais qu'il peut y avoir des raisons sérieuses pour modifier les institutions politiques.

Eh bien ! c'est ce qu'il faudrait d'abord démontrer.

Puis, en ce qui concerne le vote des femmes, spécialement, il faudrait établir qu'il y a nécessité urgente pour la société française à l'instituer, que les choses iraient mieux, et que la politique a absolument besoin de l'expérience féminine, ce qui serait certainement très flatteur pour la Française, et sur quoi d'ailleurs je donnerai tout à l'heure mon opinion, très sincèrement.

En tout cas, ce qui est incontestable, c'est que dans les pays où la femme vote, elle est mieux protégée que chez nous contre la grossièreté et la convoitise, les vices et la lâcheté de l'homme, par les mœurs et les traditions, par la loi et les tribunaux, par les effets de l'institution sur le tempérament de la race. Aussi la femme est-elle réellement plus respectée et plus libre, dans ces pays, moins exposée que chez nous aux dangers du contact avec l'homme. Et c'est cela qu'il faut d'abord établir en France, la protection sérieuse de la femme, la défense loyale de sa dignité et de son honneur contre les entreprises des hommes. Il y a chez nous péril incessant pour la femme jeune et jolie à être en commerce journalier avec l'homme ; et ce péril ne peut lui être épargné qu'en lui donnant les moyens légaux de se défendre, des armes contre son agresseur. Après, quand l'homme sera devenu moins hardi et la femme plus forte contre lui, quand la femme ne sera plus pour l'homme le plus beau et le plus savoureux de tous les gibiers, quand l'homme ne la regardera plus comme un simple agent de plaisir, mais comme un être dont le cœur s'obtient par le sacrifice de l'égoïsme, on pourra reconnaître à la femme toutes les libertés dont elle aura besoin, ou qu'elle désirera.

L'argument fondé sur « l'unité sociale » a une plus grande valeur. Certainement, puisque les deux sexes sont soumis aux mêmes destinées, aux mêmes obligations, dans un même état social, il est juste que le sort commun soit réglé par les deux parties, et que l'une ne soit pas soumise perpétuellement à la loi de l'autre, comme si elle était incapable de jouer un rôle actif dans l'œuvre commune, et qu'elle dût être maintenue indéfiniment en tutelle.

Or, il n'est pas démontré que la femme soit inapte à comprendre les choses de la politique, que son jugement soit trop borné, trop superficiel, et son cœur fermé à tout ce qui n'est pas toilette, coquetterie, amour.

Actuellement, c'est incontestable, elle n'a aucune expérience des affaires publiques ; elle n'est pas même bien au courant, en général, des attributions des différents corps élus ; mais ceci peut s'apprendre en huit jours ; et, si l'expérience des affaires publiques ne s'acquiert pas aussi rapidement, elle n'est pas assurément au-dessus de l'intelligence de la femme.

D'ailleurs, est-ce que tous les électeurs l'ont, cette expérience-là ? Il faudrait être insensé pour le soutenir. Et il y a pourtant plus de quarante ans que le plein exercice des droits politiques a été accordé à l'homme en France.

A merveille ! pourrait-on répondre ; et alors, croyez-vous que ce soit un moyen d'améliorer les choses que d'augmenter le nombre des incompétents ? Croyez-vous utile de commettre une seconde bêtise, pire que celle d'avoir accordé les droits politiques aux masses, sans aucune garantie ?

C'est toujours le même sophisme. On part de ce principe, non démontré, que la femme est inférieure à l'homme, inapte aux sciences sociales, et qu'il y aurait par conséquent bêtise à lui accorder les droits politiques.

Or, je crains bien que la comparaison entre les deux sexes ne soit pas tout à fait favorable à l'homme.

On pourrait en outre alléguer que la femme, dans les pays où elle vote, attache plus d'importance que l'homme au caractère des candidats, à la correction et à la dignité des élections, au perfectionnement des institutions protectrices de la famille, à l'amélioration des conditions de travail de l'ouvrière, etc.

Puis, il y a un moyen d'éviter la « bêtise »,

c'est de s'inspirer de ce principe que le droit
politique n'est pas un droit naturel, et que, si
la femme le mérite, ce n'est pas en tant qu'être
humain, mais en tant que personne digne par
son intelligence, son instruction et son expérience, d'exercer une action sur les affaires
publiques, sur les destinées de la nation ; c'est,
surtout, de subordonner l'exercice de ce droit
à ces garanties.

J'exposerai plus loin mes idées sur ce point.

Quant à la raison fondée sur la contradiction entre le principe du suffrage dit universel
et la réalité, elle n'a pas grande valeur.

Certes, nous nous payons de mots, d'illusions, en nous figurant que nous avons le
suffrage universel ; mais nous ne sommes nullement autorisés à déduire de nos erreurs des
conséquences dont nous puissions demander
la réalisation.

Deux minutes de saine réflexion suffisent à
faire comprendre que le suffrage vraiment
universel comporterait l'extension du droit de
vote aux femmes, aux « militaires et assimilés
de tous grades, et de toutes armes, des armées
de terre et de mer », auxquels la loi organique
du 3o novembre 1875 refuse le droit de vote
« quand ils sont présents à leur corps, à leur

poste, ou dans l'exercice de leurs fonctions » ;
bien plus, il faudrait l'accorder aux enfants
eux-mêmes.

Les militaires, il y a avantage à les laisser
en dehors de nos luttes politiques ; tous les
gens sensés sont d'accord sur ce point.

Les enfants, eux, sont inaptes à l'exercice
d'une fonction aussi importante, de l'aveu de
tout le monde.

Reste la femme ; et son accession à l'électorat politique ne supprimerait pas la contradiction signalée.

La réalisation du principe est donc impossible. Le terme est tout simplement absurde.

Cette réalisation n'est même pas désirable.
En quoi, en effet, y aurait-il avantage à augmenter le nombre des électeurs sans exiger
plus de garanties ? Ce n'est pas la quantité qui
importe : c'est la qualité.

N'a-t-on pas d'ailleurs reconnu ce principe
en refusant les droits politiques aux faillis,
aux banqueroutiers, à ceux qui ont subi certaines condamnations, aux déments, aux vaga-
bonds, aux individus sans moralité ?

Ainsi, les revendications politiques de la
femme ne peuvent pas se justifier par le mythe
du « suffrage universel ».

Mais, l'on ne saurait en dire autant de cet autre argument : l'homme fait mauvais usage de ses droits politiques.

Il est incontestable que l'homme mésuse du droit exclusif qu'il a de faire les lois, de diriger les affaires publiques ; il en profite pour maintenir la tutelle maritale, en dépit de ses palabres sur l'égalité, la liberté et la fraternité, et de ses tendances au nivellement, limité au sexe fort, ce qui irrite la femme et suscite en son cœur de violentes aspirations à l'égalité pour elle aussi ; il la tient pour un être inférieur en tout, au point de ne pas même la juger digne d'être tutrice, ou membre des conseils de famille, excepté lorsqu'elle est mère (1), quand, par sa douceur, sa tendresse, ses aptitudes naturelles à l'éducation des enfants, sa moralité, elle est infiniment plus apte que la plupart des hommes à ce rôle qui exige surtout du dévouement, du cœur et de la générosité ; sous prétexte de la protéger contre l'exploitation des employeurs, il entoure avec une maladresse suspecte son travail de tant de tracasseries légales et de tant d'entraves, que la main-d'œuvre féminine est délaissée, mal rétribuée, éloignée de certains travaux qui lui

---

(1) Loi du 2 juillet 1907 et art. 390 du Code civil.

conviennent à merveille, si bien que la femme se regarde comme victime de la loi de 1892 et en demande la modification ; il maintient des lois favorables à la débauche, dont elle souffre comme épouse, ou mère, ou fille, ou victime, et en vote d'autres qui affaiblissent la famille, lui rendent l'éducation de ses enfants de plus en plus difficile, et tendent à faire d'elle l'esclave de l'égoïsme masculin. Elle pâtit des mœurs créées par l'homme, des conditions d'existence faites aux personnes dans un état social mal ordonné, mal équilibré, où règne l'anarchie, où des ferments de discorde entretenus par intérêt électoral travaillent chaque jour plus activement la masse sociale et la menacent de décomposition générale. Et elle se demande à juste titre ce qu'elle va devenir dans ce déchaînement des égoïsmes. Elle voit les droits politiques ne servir qu'à la satisfaction des ambitions et des appétits individuels, sans souci de l'intérêt général, sans préoccupation du lendemain ; et sa perspicacité s'en émeut, en même temps que se réveille chez elle le sentiment de défense personnelle.

La femme a raison de redouter l'inhabileté politique de l'homme, et d'aspirer à lui apporter le concours de son honnêteté, de sa clairvoyance, de ses sentiments généreux.

L'homme, jusqu'ici, n'a pas prouvé des capacités spéciales dans le gouvernement des sociétés.

Voyons ce que vaut l'argument de l'égalité des sexes.

Les politiciens, on l'a dit avec justesse, par leurs rengaines sur l'égalité, ont provoqué les revendications féminines, qu'ils ne veulent pas entendre aujourd'hui. Si l'égalité n'est pas un vain mot pour eux, s'ils y croient, ils ne peuvent pas se refuser plus longtemps à examiner les aspirations des femmes.

Toutefois, il ne faut pas se laisser tromper par le mirage des mots : c'est la réalité qui importe. Une idée, une formule recèlent souvent des illusions dont on peut pendant un temps bercer l'âme des foules ; mais le jeu ne saurait durer indéfiniment. La sincérité seule mène à l'entente et à la vérité.

Eh bien ! l'on a certainement fait quelque chose pour la femme : elle a, par exemple, la faculté de s'instruire comme elle veut, de nos jours : écoles primaires élémentaires et supérieures, collèges et lycées, facultés des sciences et des lettres, de droit, de médecine et de pharmacie, toutes ces écoles lui sont ouvertes ; elle y est sur le pied de l'égalité avec l'homme ;

elle peut être avocat (1) depuis le 1ᵉʳ décembre 1900, médecin, dentiste, pharmacien, profes-seur... On ne peut pas faire plus sur ce point. Elle n'a pas la prétention, je pense, qu'on lui assure par des lois spéciales succès et clients, quand elle embrasse une carrière libérale, ou emplois de toutes sortes, lorsqu'elle fait sanc-tionner ses capacités par des diplômes quel-conques : ce serait alors à l'homme de deman-der l'égalité.

Quant à « l'instruction intégrale », dont il a été question aux Congrès féministes de 1900, elle est, prise à la lettre, une de ces grosses naïvetés bonnes pour les Congrès et les foules. Voilà une de ces formules mirifiques avec les-quelles on frappe l'esprit des badauds.

La « dogmatique de l'amour » de Mᵐᵉ d'Ad-hémar ne vaut guère mieux, est une idée encore plus dangereuse. Ce n'est pas à l'école que l'on doit apprendre ces choses-là.

Donc, sous le rapport de l'instruction, le plein développement de l'activité féminine est assuré dans l'égalité. La femme n'a pas besoin d'arriver au Parlement pour cela.

---

(1) Il y avait à Paris, en décembre 1910, quatorze femmes inscrites au barreau. — Une demoiselle est entrée à l'Ecole Normale Supérieure au concours de 1910. Une autre a été reçue à l'agrégation de grammaire au concours de 1912... etc...

Il ne peut être question ici du développement des facultés physiques. La femme a toute indépendance sur ce point ; elle jouit de l'égalité ; elle n'a qu'à en profiter, dans les limites de la bienséance, de la dignité et des possibilités, pour donner à son corps l'élégante vigueur et l'épanouissement harmonieux dont l'homme et la race ont besoin, en évitant de se masculiniser par des exercices violents qui durcissent les mains, épaississent les épaules et aplatissent la poitrine, rétrécissent les hanches et leur enlèvent le bel ornement d'un embonpoint bienséant.

Mais, il y a ces inégalités établies par les lois dont nous avons déjà parlé, et que la femme veut faire disparaître par son action politique !

Le fait est que, dans notre République, l'on ne s'occupe que de ceux qui disposent du bulletin de vote. La femme le sait ; et voilà pourquoi elle veut arriver au droit politique, se disant que les pouvoirs publics seront bienveillants pour elle, quand elle sera armée du bulletin de vote, et que les injustices lui seront épargnées.

Cependant, il n'est question jusqu'ici que de l'électorat ; et l'on n'ose pas aller jusqu'à l'éligibilité, grosse de conséquences désavantageuses. Dès lors, ce n'est pas l'égalité que la femme demande.

Mettons les choses au point.

L'égalité politique, comportant l'éligibilité, constituerait pour la femme un droit dont l'exercice lui serait le plus souvent impossible.

Elle pourrait siéger dans les conseils municipaux sans autres inconvénients que ceux qui viennent de la chaleur du sang de notre race, de l'indulgence des lois et de la faiblesse des tribunaux dans la répression de l'adultère ; et c'est déjà beaucoup !

Mais, pourrait-elle siéger dans les Conseils généraux, quand elle n'habiterait pas le chef-lieu ?

D'abord, que deviendraient le foyer et les enfants, pendant ce temps, surtout quand le mari se verrait lui aussi dans l'obligation de s'absenter ? Jusqu'à un nouvel ordre des choses, c'est lui, en effet, qui doit pourvoir aux besoins de la famille ; et, pour cela, il lui faut être bien souvent hors de chez lui. Alors, c'est à la femme d'être la gardienne du foyer, l'éducatrice des enfants, la dépensière économe des deniers communs, la fée dispensatrice d'amour, d'ordre et de bonheur. Voilà certes un rôle digne d'elle ; si elle n'en comprend pas la beauté, elle est à plaindre.

Puis, à quels assauts ne serait pas exposée la femme ? Loin de son mari et de ses enfants, ou de ses parents, pendant plusieurs jours, seule sans défense dans une chambre d'hôtel, après des rapprochements et des conversations capables d'autoriser les plus grandes hardiesses, elle pourrait facilement oublier son devoir et jouer son bonheur et celui de sa famille dans une folle aventure.

S'il y a de rares maris pour qui cela est sans conséquence, il y en a beaucoup, heureusement, qui ont le souci de leur dignité, de leur honneur, et qui tiennent à la vertu de leurs femmes, à l'exclusivité de leur amour.

Et quels sont les pères dignes de ce nom qui laisseraient leurs filles courir ces dangers, surtout quand elles seraient jeunes et belles ?

En vérité, la politique aurait trop d'avantages.

A plus forte raison, l'exercice du mandat de député, ou de sénateur, serait impossible aux femmes et aux jeunes filles, à moins d'emmener la famille à Paris.

Et, voyez-vous des chefs de famille abandonnant leurs occupations, leurs affaires, pour une législature, et vivant pendant ce temps aux dépens de leurs femmes ou de leurs filles ? Est-ce bien conforme à la dignité de l'homme, chez nous ? Les Annamites, les nègres font travailler les femmes, et s'asseyent ; mais nous, Français ?

Valent-ils mieux que nous, en cela du moins ?

Il est permis à quelques Français de le penser ; mais ils ne sont pas certainement les meilleurs d'entre nous.

Par conséquent, l'argument de l'égalité n'a qu'une valeur relative, puisque les revendications politiques de la femme se limitent à l'électorat. Nos mœurs ne permettent guère d'aller plus loin. Etant donné qu'en tout il faut commencer par le commencement, il importe d'instituer d'abord, sincèrement, honnêtement, la protection de la femme. Tant que nos mœurs seront ce qu'elles sont, l'éligibilité sera pour la Française un droit dangereux.

D'ailleurs, est-elle nécessaire, l'éligibilité ? Nous le verrons.

Reste l'argument de l'impôt.

Remarquez, je vous prie, dès ici, qu'il y a relativement peu de femmes payant l'impôt par elles-mêmes ; dès lors, en prenant dans sa valeur stricte l'argument de Mme J. Schmahl et des féministes, il faudrait n'accorder le droit de vote qu'aux femmes qui se libèrent elles-mêmes de cette charge sociale. Et les autres auraient le droit de penser qu'on restaure pour le sexe l'ancien régime censitaire condamné depuis longtemps comme injuste.

Et puis, de par le même principe, il faudrait accorder le droit de vote aux mineurs qui, n'habitant pas sous le toit familial, gagnent leur vie par eux-mêmes et supportent au moins les contributions indirectes. Or, qui songe à cela ?

Et les militaires ? ne payent-ils pas toutes sortes d'impôts, sans jouir des droits d'électeur ?

Et les faillis, les interdits, tous ceux qui ont perdu la capacité électorale par suite de condamnations (1), ne sont-ils pas néanmoins soumis à l'impôt ?

Les étrangers eux-mêmes contribuent à enrichir les caisses publiques ; et personne ne songe à leur accorder le droit de prendre part aux affaires du pays où ils se trouvent comme touristes ou domiciliés.

Il n'y a, en effet, aucun rapport nécessaire entre le payement de l'impôt et la fonction

---

(1) Voir art. 15 et 16 du décret organique du 2 février 1852.

d'électeur : ce sont certainement deux charges, ou, si l'on veut, deux fonctions sociales ; mais l'une, celle de l'impôt, est à la portée de tous, parce qu'elle n'exige aucune capacité spéciale, tandis que l'autre nécessite certaines qualités intellectuelles et morales indépendantes de l'argent, certaine connaissance des besoins et des intérêts du pays.

Ce principe, la loi l'a reconnu en établissant une majorité civique, qui ne correspond pas certainement d'une façon parfaite à la majorité intellectuelle, mais concorde au moins avec l'entrée dans le libre épanouissement des facultés ; la loi l'a encore reconnu en fixant les causes d'indignité civique. Cependant, le législateur n'a pas osé dégager du principe la conséquence pratique qui s'impose, la différenciation des votes d'après la capacité et la moralité des électeurs, par crainte de froisser les sentiments d'égalité mis naïvement dans le cœur des Français par des théoriciens assez mal instruits des imperfections de la nature humaine et des nécessités sociales. Le gouvernement provisoire de 1848 a donc commis, en instituant le *suffrage universel*, sottement égalitaire et niveleur, une grave imprudence, un précédent regrettable pour l'avenir de la civilisation et l'évolution politique.

C'est un principe trop communément
ignoré, ou trop facilement oublié, que l'électorat est une fonction, et non un droit naturel,
un droit inhérent à l'être humain, comme
celui de vivre, ou celui de travailler, et que
cette fonction exige la capacité, comme toutes
les autres. Si elle semble plus que certaines
autres accessible à la foule, c'est tout simplement parce que la pratique de la vie politique inculque aux citoyens quelques vagues idées qui font illusion, quelques formules
qui ont l'air de contenir toute la vérité ; mais
ce n'est qu'un empirisme grossier ; et il y a
loin de là aux connaissances qu'il faut posséder pour remplir comme il convient la fonction d'électeur, d'agent d'organisation et d'é-
volution sociales.

Eh bien ! cette fonction, la femme est-elle
capable de l'exercer ?

Pourquoi pas ? A mon avis, son droit vaut
mieux que la plupart des arguments dont elle
appuie ses revendications, quoique ce droit
n'ait rien d'absolu.

Je ne partage donc pas, à cet égard, l'opinion de M. F. Buisson (1) pour qui l'électorat

---

(1) M. F. Buisson est cependant, avec M. Dus-
saussoy, l'auteur d'une proposition de loi tendant

féminin est une de ces folies qu'il est dans la tradition française et dans notre caractère de commettre.

La folie a été d'accorder en principe à tous les hommes une part égale dans la direction des affaires publiques, sans demander des garanties de moralité et de capacité, de sorte que le vote d'un membre de l'Académie des sciences morales et politiques ne vaut pas plus que celui d'un vaurien illettré et qui se vend.

Et, puisque cette folie a été commise, il n'y a rien qui s'oppose à ce que la femme vote. Il n'y aurait pas là une seconde folie. Au contraire, c'est le moyen de relever le suffrage universel, si on le conserve tel qu'il est.

La femme, en général, vaut mieux que l'homme en moralité et en intelligence. Il y a chez elle un sentiment de droiture et d'honneur plus profond que chez l'homme. Il faut beaucoup pour l'amener à commettre certaines fautes. Les révoltes de sa dignité en face de certaines sollicitations sont superbes et honorent l'humanité autant que la supériorité intellectuelle, au moins. Pour tout ce qui con-

---

à donner aux femmes les droits municipaux. La proposition a été renouvelée au début de la législature de 1910.

cerne son honneur, elle a une fermeté de principes que l'homme ne connaît pas ; et, quand elle succombe, c'est que le siège a été long, acharné ; et presque toujours la faute en est à l'homme. Il est juste cependant de reconnaître, comme excuse pour l'homme, qu'il n'y a rien de plus capiteux, de plus troublant, qu'une femme aimable et jolie dont les charmes s'épanchent librement en des manières attirantes. Il n'est pas étonnant, du reste, que le sentiment de l'honneur soit si fort chez elle : c'est la conséquence de la moralité accumulée depuis des siècles de civilisation ; c'est en outre le but principal de l'éducation qu'elle reçoit, car depuis sa tendre enfance elle est habituée à la pudeur, au culte de sa dignité, à la plus grande réserve, à la défense de sa réputation. La nature même favorise la moralité chez elle en parlant moins impérieusement que chez l'homme. Aussi bien, l'honnêteté de la femme se manifeste très souvent par une aversion profonde pour l'injustice, qui la révolte, et par une grande sympathie spontanée pour les faibles et les opprimés, pour tous ceux qui souffrent. A tous ceux qui font appel à son cœur son dévouement est assuré ; et ce dévouement est toujours de beaucoup supérieur à celui dont l'homme est capable, car la femme est généreuse d'elle-même. L'égoïsme n'est pas son défaut : elle est créée pour donner sa vie et son cœur. Si quelques détracteurs ont dénoncé, en ce qui concerne l'argent, son manque de générosité, ils ont perdu de vue qu'elle gagne péniblement de quoi subvenir à ses besoins, quand elle vit de son travail, et que, lorsqu'elle dépense avec économie l'argent d'un père ou d'un mari, c'est chez elle scrupule honorable ; ils ont oublié qu'elle se voit souvent obligée de faire contraste avec la prodigalité imprudente et égoïste de l'homme. Voilà ce qu'ils ont pris pour de l'avarice.

Enfin, la femme, en général, possède un très haut sentiment d'amour-propre qui la porte à bien faire tout ce qu'elle fait, sans ménager sa peine, en vue de mériter la confiance et l'estime. Tous ceux qui l'emploient le constatent.

Je puis encore faire observer qu'elle se plie facilement au devoir, par tempérament, par éducation, par honnêteté naturelle.

Quand on compare à toutes ces vertus la probité très souvent forcée de l'homme, ses faiblesses et ses accommodements avec sa conscience, ses faciles lâchetés envers la femme, son honneur très fréquemment relatif, sa promptitude aux injustices et aux bassesses, on est frappé de la supériorité morale de la femme, si l'on est sans parti pris.

Les femmes ont du reste le sentiment très net de cette supériorité ; et elles ne se trompent pas.

Cependant, pour être juste, la comparaison doit être faite entre individus d'une même classe sociale.

La femme a donc incontestablement de grandes vertus, qui peuvent être utilisées pour le bonheur de la société par une éducation politique honnêtement donnée ; et ses vertus civiques seraient certainement fécondées par le fonds de probité qu'elle est obligée d'avoir pour elle-même et pour le monde.

Sous ce rapport, le beau sexe a été épargné par ses ennemis : on reconnaît généralement sa valeur morale ; ou, du moins, l'on se tait sur les points essentiels pour signaler certaines imperfections accidentelles, telles que la facilité à mentir, l'avarice, la duplicité, comme si la nature humaine pouvait être sans défaut, et comme si ces imperfections, dont l'homme est en grande partie responsable, pouvaient effacer ce qu'il y a de foncièrement bon chez la femme.

Mais, sous le rapport intellectuel, la femme

n'a pas été ménagée. On a exagéré ses imperfections. De grands penseurs ont médit de son intelligence, parce qu'ils l'ont comparée à la leur, ou à celle de l'élite des hommes, sans remarquer que la supériorité est une exception résultant d'une sélection, et que cette sélection a été bien plus favorisée chez les hommes que chez les femmes, maintenues pendant de longs siècles dans une injuste infériorité, et en qui la plupart des hommes, aujourd'hui encore, même en France, selon leur rang ou leur degré de culture, ne veulent voir que la beauté et la grâce, ou la ménagère et l'instrument de bonheur. Des femmes de talent, fascinées par la mâle beauté de la petite élite qui honore le sexe fort, ont été elles aussi portées à une injuste sévérité, par une comparaison illégitime. Les théologiens, de leur côté, ont rabaissé la femme jusqu'à se demander si elle a une âme ! (1). Ceux-ci, du moins, peuvent faire excuser leur injustice par le fait qu'il leur est interdit d'aimer la fille d'Eve.

Mais les autres !

D'après Mme de Rémusat, par exemple, la femme a l'esprit trop mobile pour approfondir

---

(1) Concile de Mâcon (ve siècle).

les choses ; et elle est trop impressionnable pour être impartiale.

C'est vrai, d'une façon générale. Cependant le premier défaut est atténué par le don merveilleux d'intuition, de divination, qu'elle possède, en général, et qui lui vient de son cœur si vibrant, de sa sensibilité si suggestionnable, si ouverte aux influences externes, et par où elle est constamment en communication mystérieuse avec ceux qui l'approchent. Aussi voit-elle plus vite, et, très souvent, mieux, que l'homme ; elle a la faculté de comprendre par le cœur ce que l'homme ne saisit pas par l'esprit, et n'aperçoit que lorsqu'il est frappé par la réalité. Sa mobilité d'esprit est donc moins grave que la lourdeur appliquée de l'homme.

Quant à son défaut d'impartialité, résultant de sa trop grande sensibilité, c'est le revers, à retoucher, d'une belle médaille ; et cette partialité, en tout cas, vaut mieux que l'injustice de l'homme, par bas calcul ou par bêtise.

Pour Schopenhauer, les femmes ont toute leur vie leur esprit de dix-huit ans, et restent de grandes enfants. Malgré mon profond respect pour la puissance de raisonnement de l'auteur du « *Monde comme volonté et représentation* », je ne puis m'empêcher de voir en ce jugement un affreux paralogisme, car il n'est nullement démontré par l'expérience que l'intelligence féminine atteint son point culminant à dix-huit ans, et ne réalise plus aucun progrès. La rapidité avec laquelle, de l'aveu de Schopenhauer, les facultés de la fille se développent, au point qu'elles semblent avoir atteint leur plein épanouissement à l'âge où l'intelligence du garçon s'ébauche et commence seulement à prendre conscience d'elle-même, cette précocité révèle à mon avis une puissance d'évolution qui ne peut pas se dépenser tout d'un coup, pour s'arrêter net, parce que l'esprit humain n'est pas comme un fruit à période de maturation limitée. Nos facultés, au contraire, sont en principe presque indéfiniment perfectibles ; ou du moins, dans la réalité, il est impossible de fixer un terme à leurs progrès ; et la limite est constamment reculée. Dès lors, puisque le progrès est la loi de l'esprit humain, pourquoi admettre que cette loi se vérifie seulement chez l'homme ? Il y aurait donc deux intelligences humaines : celle de l'homme, la vraie, et celle de la femme ?

C'est toujours le même préjugé atavique, datant des premiers âges de l'humanité voire de la Création, puisque la Genèse (chap. II) représente la femme comme faite d'une simple côte de l'homme ! Elle lui est ainsi inférieure.

Ce préjugé reposa, pendant des siècles, sur la force brutale : le maître pouvait donner ou vendre sa femme, disposer d'elle à son gré, comme d'un bien quelconque ; il avait droit de vie et de mort sur elle comme sur les animaux qui étaient à son service. Voilà l'origine de la croyance à la supériorité de l'homme. Certes, le régime s'est adouci considérablement : au principe de la force animale a été substitué celui de la supériorité morale ; mais, au fond, le préjugé demeure ; et l'on maintient la femme en état d'infériorité, partout.

Eh bien ! il est facile à tout esprit non prévenu de constater que la femme grandit en expérience, tout comme l'homme, et qu'elle n'a pas la naïveté de la jeune fille de dix-huit ans quand les lois de l'être se réalisent normalement chez elle, et aussi pleinement que chez l'homme. Ce qui lui crée une infériorité, c'est que d'ordinaire, vers l'âge de dix-huit ans, elle abandonne les études sérieuses et ne songe qu'à se parer, à se produire, en vue de se marier. Si elle sacrifie ainsi la science à la beauté, c'est pour nous plaire, pour charmer partout nos yeux et notre cœur, pour entretenir en nous le culte de l'idéal sans lequel l'homme n'est pas un être entièrement civilisé ; et pouvons-nous avec raison lui en faire grief ? Ne devons-nous pas, au contraire, être touchés des égards qu'elle a pour nous ?

Du reste, la science et la beauté se valent, sont l'une et l'autre des distinctions. Et elles donnent un prix égal à la vie.

Enfin, comment admettre que la femme ne puisse pas profiter de l'expérience ? Tous les observateurs, tous les professeurs remarquent que la qualité intellectuelle dominante chez elle est la mémoire : elle est presque toujours, et de beaucoup, supérieure à l'homme, à ce point de vue. D'autre part, la faculté d'observation est beaucoup plus développée chez elle que chez l'homme. Comment alors penser raisonnablement que sa mémoire conserve des impressions et des souvenirs, sans que l'intelligence, dont c'est la fonction, y puise ?

On veut faire une âme à part à la femme !

C'est une loi de l'esprit de juger de l'avenir par le passé ; et cet instinct de prévision dont parle Stuart Mill n'est que de la mémoire projetée au-delà du présent. Les lois psychologiques sont les mêmes chez les deux sexes.

Que les facultés puisent dans la mémoire d'une façon maladroite, et ne sachent pas utiliser les matériaux mis à leur disposition, c'est possible. C'est affaire d'intelligence et de méthode. Et l'intelligence n'est pas plus égale

chez les femmes, que chez les hommes. Quant
à la méthode, la Logique, elle peut et doit être
enseignée aux femmes. C'est par là que leur
éducation pêche. L'instruction qu'on leur
donne manque de fond ; elle développe principalement la mémoire et l'imagination, qui
sont unies l'une à l'autre au point de se con-
fondre bien souvent ; et la culture du raisonnement est négligée.

Il n'est pas étonnant dans ces conditions
que la femme soit un être imaginatif, chez qui
la faculté de sentir dépasse le pouvoir de rai-
sonner, et qu'elle juge constamment par le
sentiment, par la valeur esthétique. Il suffi-
rait, pour remédier à ce défaut, de lui apprendre la Logique, ce que l'on fait d'ailleurs pour
les jeunes gens, dont beaucoup néanmoins deviennent des hommes à esprit lamentablement
faux.

Ce sont donc les rédacteurs de programmes
et les éducateurs qui sont responsables de cette
infériorité, dont il ne faut pas cependant exagérer l'étendue. J'ai, en effet, souvent remarqué la difficulté de réfuter les arguments des
femmes.

D'autre part, les femmes n'ont pas, plus que
beaucoup d'hommes, le cerveau incapable
d'abstraction ; et, si leur pensée est surtout

concrète, liée à la sensation, à la représentation des choses, c'est notre faute, parce que
nous les aimons impressionnables et prime-
sautières, gaies et rieuses, folâtres et superfi-
cielles, futiles et sans prétention au savoir.
Nous développons ainsi chez elles des imperfections intellectuelles, par plaisir, pour notre
amusement, et nous les leur reprochons. Sin-
gulier exemple de justice !

Et puis, est-il nécessaire que les façons de
penser soient les mêmes chez les deux sexes ?

Je ne le crois pas.

La différenciation est la loi de l'être vivant,
le grand principe de fécondité et de richesse, de
beauté. La femme nous plaît par ce en quoi
elle se distingue de nous ; et, si elle avait la
même tournure d'esprit que nous, certainement nous trouverions en elle moins de
charme, moins de ravissantes surprises.

L'intelligence nuancée de douce sensibilité
ne vaut pas moins, dans les choses humaines,
que le froid entendement embrumé d'é-
goïsme.

Ainsi, au point de vue intellectuel, la femme
n'est pas inférieure à l'homme. Au contraire,
elle a l'esprit plus souple, plus vif, plus
observateur, plus perspicace, capable de comprendre d'intuition ce que l'homme a besoin

qu'on lui souligne. Elle possède en outre une très grande facilité d'assimilation due à sa mémoire supérieure d'ordinaire à celle de l'homme. On peut la voir, d'ailleurs, dans toutes les classes sociales, surpassant l'homme par le tact, le jugement et les vertus. De combien de ménages n'est-elle pas l'âme ? Bien rares sont les hommes supérieurs aux femmes ! Et une femme réellement bête, comme le sont beaucoup d'hommes, cela ne se voit pas souvent.

Le génie seul, — qui selon moi ne se rencontre que dans les sciences, tandis que dans les lettres et les arts il y a tout simplement des supériorités plus ou moins grandes de l'intelligence ou de la sensibilité, — le génie seul me semble propre à l'homme. Il est inséparable de certaines qualités cérébrales, très rares du reste chez le sexe masculin. Ce don merveilleux consiste essentiellement dans une grande puissance d'élévation de la pensée, fécondée par un exceptionnel pouvoir d'abstraction. Et cela, la femme ne l'a pas, ne l'aura peut-être jamais, à cause de sa nature physique et de son organisation nerveuse plus propres aux efforts moyens.

Par contre, c'est peut-être la raison pour laquelle l'intelligence féminine brille par les

qualités moyennes, et se trouve par là supérieure à celle de l'homme.

En résumé, la femme n'est pas au-dessous
du droit de vote, par son intelligence et sa moralité.

Envisagée à ce point de vue, la question est
toute résolue : puisque les hommes votent, les
femmes qui valent mieux qu'eux doivent
voter.

Mais, il y a malheureusement plus que cela.

Le *caractère féminin* lui aussi a été l'objet
de vives critiques qui, si elles étaient fondées,
pourraient ébranler les partisans des revendications politiques des femmes, et constitue-
raient des armes dangereuses entre les mains
des adversaires.

Pour La Bruyère, par exemple, « la plupart
des femmes n'ont guère de principes ; elles se
conduisent par le cœur, et dépendent pour
leurs mœurs de ceux qu'elles aiment. (1)

Si l'on admet cela, l'on est forcément amené
à regarder l'électorat féminin comme un péril,
dont il faut préserver la société.

Mais le grand moraliste n'a peut-être bien

______

(1) *Les Caractères*, ch. « Des femmes ».

jugé que les femmes de son temps ; encore faudrait-il distinguer, et préciser les points sur lesquels la femme du xvii° siècle était sans principes ; car ce n'était certainement pas en tout. Et il y a plus de deux siècles de cela ! Les mœurs ont évolué depuis ! Et, si le cœur des femmes est toujours tendre, — pour notre bonheur, — s'il est toujours ouvert à la parole et à la douce attraction du bien-aimé, — ce dont nous devons nous réjouir, — la femme n'est pourtant pas la fleur qui s'incline au moindre souffle ; elle a des principes bien stables sur certains points ; et l'homme ne lui fait pas toujours faire ce qu'il veut. Dans la plupart des ménages que je connais c'est elle qui commande presque en tout, avec l'air de donner simplement des conseils ; et, quand l'orage gronde, elle le laisse passer ; puis, elle continue avec la même douce fermeté. Plus elle est aimée, plus elle est puissante. Elle sait s'imposer, avec un tact incomparable, dans toutes les circonstances, dans toutes les choses où l'homme n'est pas dominé par l'intérêt, le seul principe de la plupart des « porte-culotte ». C'est chez elle que se rencontre le plus fréquemment la volonté la moins commune, et la plus élevée, celle qui est ferme, calme, constante, et ne se laisse pas briser par les difficultés. Voilà pourquoi elle est plus apte que l'homme à l'effort soutenu que réclame l'éducation des enfants, à la grande dépense d'énergie que nécessitent les longs soins aux malades.

Il n'est pas possible avec cela qu'elle soit sans principes, puisque par « principes », ici, il faut entendre des idées prises comme directrices, et auxquelles l'esprit reste attaché volontairement. Sa substance cérébrale a une trop grande puissance de réception et de conservation, à la fois, pour qu'elle ne garde pas les grandes idées inculquées par l'éducation.

Par conséquent, la femme n'est sans principes que pour les choses où l'éducation ne lui en a point donné. Quand elle recevra une éducation politique appropriée à sa nature, à sa droiture instinctive, à sa dignité nécessaire, à son rôle social ; quand les mères, et non des maîtres officiels, souvent trop intéressés pour être sincères et justes, lui inculqueront le sentiment profond de son devoir social et de ses responsabilités dans la direction des affaires publiques, dans l'avenir de ses enfants ; quand cela sera, la femme saura très certainement se mettre à la hauteur de sa fonction politique, et donnera très certainement à l'homme l'exemple de la droiture et de la fermeté dans les idées, de l'honnêteté politique. Son âme est trop généreuse, trop loyale, trop fortement attachée au devoir, pour qu'il n'en soit pas ainsi. Ses nobles vertus privées, par où elle est si supérieure à l'homme, sont de sûres garanties, puisque c'est des vertus privées que procèdent les vertus publiques. L'honnêteté relative seule connaît les accommodements, les variations, les distinctions.

Herbert Spencer, de son côté, reproche à la femme d'être fascinée par la force physique et la puissance intellectuelle, d'être portée à la religion, au respect de l'autorité.

Quant à son amour pour la puissance intellectuelle, il l'honore. S'il y a, en effet, quelque chose d'estimable, d'enviable, en ce monde, c'est bien cela ; et ce sentiment est digne de l'être qui a le privilège d'une autre supériorité, la beauté, sœur de l'Intelligence, charmes de la vie, toutes deux, fleurs de l'humanité.

Le culte de la vigueur physique ne lui est pas spécial. Certes, elle l'aime s'épanouissant en un beau corps, bien découplé, où s'étalent avec abondance la vie et la santé, gages d'amour et de bonheur de longue durée, d'ardente expansion ; mais, n'aimons-nous pas cela, nous aussi, chez l'autre sexe ? Ne sommes-nous pas, nous aussi, fascinés par la majesté d'un beau corps de femme harmonieusement cambré dans son souple et plein corset ? Malheureux qui ne sent pas alors palpiter en lui le mystérieux et profond désir... d'immortalité, comme dit Platon !

Voilà sans doute ce que la femme, poétesse d'amour, admire dans la vigueur physique de l'homme. Mais, dire qu'elle vénère la force pour la force, dans ce qu'elle a d'animal, de redoutable par ses manifestations brutales, oh ! non ! je m'inscris en faux, car c'est méconnaître la délicatesse de sa sensibilité, que la moindre brutalité meurtrit, et le fonds d'idéal dont son âme est pleine. De cette force-là, au contraire, elle a une instinctive horreur ; et, si elle pardonne les violences qui lui en viennent, c'est par une générosité dont son cœur seul est capable, ou par un sublime sentiment d'abnégation, de sacrifice de soi-même.

Au respect de la force Spencer rattache le sentiment religieux, plus puissant chez la femme que chez l'homme. Assurément, la femme a plus de religion que l'homme : mais, ne pourrait-on pas regarder cela comme l'effet d'une nature plus pénétrée d'idéal, plus humble que la nôtre devant les mystères dont le monde est enveloppé, plus portée à aimer et à se courber par affection, et qui voit dans l'amour de Dieu la forme la plus pure et la plus consolante de l'amour, dans les dogmes religieux les solutions les plus claires et les plus rassurantes pour l'âme qui a besoin de croire, et souffre du doute ?

Je le pense. Nous autres, hommes, nous sentons certainement moins vivement que les femmes le vide oppressant du doute ; nous subissons moins l'influence des mystères dont les choses sont pleines, parce que nous sommes plus personnels, plus fermés au monde extérieur, plus absorbés par les réalités ; et nous n'entendons pas la grande voix de la Nature qui parle partout à l'âme avide de surnaturel, d'invisible beauté et d'harmonie supraterrestre.

D'ailleurs, ce qui contribue à affaiblir la foi chez les hommes, ce n'est certainement pas la haute culture philosophique, la plupart du temps ; c'est tout simplement le snobisme mondain ou politique, ou bien l'intérêt, qui est si aveuglant ! Chez nous, Français, il y a aggravation de la crise religieuse, parce que la politique et la religion sont ennemies, par la faute des dirigeants. Cette hostilité est plutôt nuisible à la société, car elle tend à l'affaiblissement du sentiment religieux jusqu'à la haine et la guerre, et, par là, à la disparition du plus puissant pouvoir moralisateur dont les peuples subissent l'influence, et du plus haut idéal humain, au profit du matérialisme le plus bas et le plus belliqueux. Les conditions de la vie sociale s'en ressentent déjà. L'on verra plus tard si les masses peuvent se passer de toute autre discipline que celle des lois.

Pour ma part, je fais l'aveu que j'ai raillé la religion, à vingt ans, l'âge du snobisme, mais sans la haïr, car j'ai toujours reconnu aux autres le droit, dont je n'use pas, de croire aux mystères chrétiens et à l'au delà ; et je respecte encore plus ce droit, depuis que j'ai vu le calme et surhumain courage avec lequel une femme bien-aimée a senti venir l'horrible mort et s'est résignée à sa glaciale étreinte, quoique la vie lui eût été toujours douce, et que tout sur la terre eût toujours fêté sa beauté, sa bonté. Ce merveilleux effet de la foi, je ne l'oublierai jamais.

Laissons donc aux femmes leur religion ! Et n'y voyons pas une preuve de faiblesse morale, ou une sorte d'amour de la force, de la puissance, sous la forme absolue.

C'est également à ce sentiment qu'on rat-

tache le respect de la femme pour l'autorité,
sous toutes les formes, son « conservatisme
social ». Et ce « conservatisme social » constitue un gros argument, contre l'électorat féminin, non seulement pour les esprits qui voient
dans la nécessité du changement, du nouveau, quel qu'il soit (et qu'ils mettent sous
le nom pompeux d'évolution), la condition
essentielle de la vie politique, mais aussi pour
tous ceux qui veulent aller toujours de l'avant
sans même se demander s'il ne faudra pas un
jour s'arrêter, enfin pour les révolutionnaires
qui redoutent ce nouvel obstacle à la réalisation de leurs projets chimériques. Tous ces
agités, ces songe-creux, sont effrayés de l'esprit traditionaliste des femmes. Eh bien !
cette hostilité même est un argument en faveur
des droits politiques du sexe qui, par sa sagesse un peu timorée, servira de contrepoids
utile à la folie du changement des hommes, et
sera le pouvoir modérateur, absolument nécessaire à l'état social qui veut échapper aux
mouvements brusques. Chez nous, l'organisation de ce pouvoir est d'autant plus désirable que la Chambre haute, le Sénat, dont
c'est la fonction et la raison d'être, ne remplit
plus son rôle comme il faut, s'est laissé para-
lyser par les mêmes influences qui sévissent

sur la Chambre des députés, et ne constitue avec celle-ci qu'une même assemblée, animée du même esprit.

On reproche encore à la femme de manquer d'autonomie intellectuelle, de subir facilement les influences des préjugés, de l'opinion publique, de son confesseur'; et, dès lors, comment songer à restaurer le pouvoir des prêtres, s'écrient les politiciens, dont le seul programme est l'anticléricalisme, la seule idée, la conservation du pouvoir, sans considération des moyens, sans souci des iniquités et des dénis de justice !

D'abord, la femme n'est pas seule à manquer d'autonomie intellectuelle. Si l'on faisait le dénombrement des hommes qui ne pensent pas par eux-mêmes, n'ont pas une idée personnelle, et qui en politique particulièrement reçoivent le mot d'ordre, et obéissent servilement, on serait étonné de la pauvreté de l'humanité en hommes. Depuis le temps où Diogène en cherchait un, une lanterne à la main, en plein midi, dans les rues de la ville la plus éclairée de l'antiquité, l'humanité a certainement fait des progrès ; mais elle est encore, et sera toujours, par nature, vouée à des infériorités intellectuelles et morales que ni les lois, ni les constitutions politiques ne supprimeront radicalement ; et l'élite restera toujours l'essence, la vraie valeur de l'espèce. L'élite seule est douée de personnalité ; la masse n'est rien : elle est amorphe, plastique. Et les femmes, qui appartiennent déjà par la moralité à ce qu'il y a de mieux, sont plus aptes que les hommes à fournir des éléments intellectuels à une élite politique élargie, et plus vraie, parce que les femmes sont en général mieux douées que les hommes.

Quant à l'influence des préjugés, de l'opinion publique, elle ne s'exerce ni plus spécialement, ni plus fortement, sur les femmes, si l'on prend le mot préjugé dans son sens philosophique, et qu'on ne couvre pas de ce vocable les idées contraires à celles qu'on a soi-même ; si par « opinion publique » l'on entend cette sorte de contrôle que la société a le droit d'exercer sur ceux de ses membres qui attirent son attention, pour savoir si ses jugements et ses sentiments ne s'égarent pas.

Pour ce qui est de l'influence des prêtres, c'est la contre-partie du rôle des préfets, des sous-préfets, et, en un mot, des agents du pouvoir. S'il est absurde pour les uns d'aller chercher le mot d'ordre dans les sacristies, il est absurde pour les autres d'aller le chercher dans les bureaux des mandataires de la nation ; et, au point de vue de l'autonomie, les deux façons de faire se valent.

En définitive, il y a là tout simplement deux intérêts rivaux.

On pourrait encore alléguer, contre le vote des femmes, qu'il introduirait dans les affaires publiques des sentiments sans rapport avec elles ; que les qualités physiques des candidats tiendraient souvent lieu de valeur personnelle et de programme ; que des sympathies créées par un beau physique, ou de bonnes manières, évinceraient des hommes de valeur ayant le tort d'être laids, ou feraient méconnaître les services rendus.

C'est possible, je l'avoue. Et, certes, ce ne serait pas à l'avantage du bien public. Mais est-ce que les hommes ne subissent jamais l'influence de sentiments aussi ridicules ? Ne les voit-on pas tous les jours, dans les collèges électoraux, épouser des sympathies ou des haines sans qu'ils puissent justifier leurs sentiments par des raisons personnelles et valables ? Ne voit-on pas constamment des courants, non d'idées, mais de sentiments, créés par les meneurs, porter au pouvoir des hommes dont la seule valeur est de plaire aux appétits de certains gros électeurs ? Alors, sentiment pour sentiment, je préfère celui qui a pour objet la beauté à celui qui a pour objet la haine ou l'intérêt, car le premier ne nuit pas nécessairement, tandis que le second, par nature, porte toujours préjudice à quelqu'un.

Et puis, pourquoi prendre les choses au plus mal ? Pourquoi admettre que les femmes subiront en foule l'influence de la beauté physique des candidats ? Si elles sont sensibles, en effet, à la beauté physique, elles le sont également à la beauté intellectuelle ; et, il est à présumer que beaucoup d'entre elles tiendront à s'honorer en préférant celle-ci à celle-là. Or, l'homme, qui a toutes les audaces, n'est pas capable de comprendre l'honneur qu'il se ferait en agissant ainsi, ne se croit jamais inférieur à autrui, et échappe rarement à la vilenie de préférer son intérêt personnel à la science, à l'Intelligence.

Par conséquent, la question du vote des femmes, je le répète, n'est pas une question d'intelligence ou d'aptitude morale. Sous ces rapports, les femmes sont supérieures aux hommes, en général.

Il s'agit maintenant de savoir s'il y a intérêt pour elles à exercer les droits d'électeur, au

risque de compromettre léur *puissance esthétique* et leur *bonheur conjugal.*

Pour la *puissance esthétique,* je crois bien,
comme M. Gide, que « la femme, en sortant
de l'ombre et de la paix du foyer, pour s'exposer au grand jour et aux agitations de la
place publique, perdrait quelque chose du
charme qu'elle exerce et du respect dont elle
est l'objet. » (1) Et, ajoute M. Gide, « c'est
dans l'intérêt de l'ordre et des bonnes mœurs,
que tous les législateurs ont, comme d'un
commun accord, refusé à la femme toute participation aux droits politiques. »

Oui, voilà une des données importantes du
problème. Il est à craindre que la grâce et la
dignité de la femme ne soient amoindries par
la hideuse politique, et que le bulletin de vote
ne tue la poésie chez elle.

Déjà nos mœurs sont devenues trop rudes
pour elle : on ne se gêne plus pour elle ; on
n'épargne plus à ses chastes oreilles les mots
grossiers ; on n'appréhende plus d'effaroucher
sa pudeur. A quelles libertés alors les hommes
ne se laisseront pas aller, quand ils se trouveront en contact avec les électrisantes filles
d'Eve dans les presses qu'il y a si souvent aux

---

(1) De la Condition privée de la femme.

portes des salles de vote, ou autour des urnes !
Le galant homme certainement n'oubliera
pas son devoir ; mais, les gens mal élevés, —
et les autres ! — qui deviennent de plus en
plus nombreux ? Ils seront portés à profiter
de l'égalité civique.

Je ne veux pas plaisanter sur un sujet aussi
grave. Je soutiens que la présence de la femme
dans des milieux où l'urbanité n'existe pas,
où elle sera en rivalité avec des gens grossiers,
avinés, excités par les passions politiques, où
elle sera vue de mauvais œil, et où elle sera
rudoyée, souvent insultée, au nom de l'égalité
politique, ou par haine de la réaction et au
nom de la « République démocratique », je
soutiens que sa présence dans ces lieux, loin
de rehausser son prestige, contribuera plus
que toute autre chose à la dépouiller de tout
idéal dans l'esprit des hommes.

Nos mœurs politiques sont encore trop gros-
sières pour que la femme descende dans la
mêlée, où l'on oubliera aisément ce qu'elle est,
et ce qu'on lui doit. Nos politiciens ont semé
trop abondamment la haine, ont trop excité
les basses classes contre tous ceux qui possèdent quelque chose par où ils se distinguent,
et ne sont pas peuple, pour que la dame
élégante et parée, qui se distingue tant du

peuple, puisse être en contact avec lui sans réveiller immédiatement ces mauvaises passions dont l'âme des masses est pleine. J'avoue ingénument que je ne me représente pas du tout l'homme du peuple s'écartant en s'inclinant devant la femme se rendant aux urnes, lui témoignant les égards dus à sa faiblesse, lui rendant les hommages dus à la grace et à la beauté qu'elle personnifie.

Nos politiciens, en corrompant les foules, ont rendu bien des progrès impossibles ! Ils ont fait de l'injustice et de la haine toute la politique. C'est du reste le déplorable et inévitable effet de la stupide loi du nombre. Voilà comment ils ont détruit la confiance de la nation dans le Parlement, et ont amené les basses classes à penser que les promesses faites ne peuvent se réaliser que par les manifestations violentes, par la force.

Est-ce que cet état de choses serait modifié par l'apparition de la femme sur la scène politique ?

Je ne crois pas que ce serait un événement capable, *à lui seul*, de changer l'état d'âme de la masse. Il faut une rééducation du peuple par les femmes, par les instituteurs, les politiciens, les gouvernants ; et cette rééducation ne sera possible qu'après que l'Intelligence et la

Science auront été mises à leur place dans le gouvernement des affaires publiques.

Mais, en attendant, dira-t-on, puisque la femme réclame à juste titre le droit électoral, ne pourrait-on pas lui en faciliter l'exercice en lui réservant des salles de vote spéciales où elle ne serait pas exposée aux grossièretés des hommes ?

Oh ! ce serait sans doute aggraver la situation : on opposerait le vote des femmes à celui des hommes, et l'on trouverait plus facilement des raisons de critiquer le sexe faible, de le vouer à la haine publique, en le rendant responsable de toutes les défaites, en le représentant comme la cause de tous les maux politiques, comme le suppôt de la réaction, etc...

Et la femme en serait moins aimée ! et elle en souffrirait certainement !

Je sais que cette considération est sans valeur pour beaucoup de femmes, plus voisines de l'autre sexe que du leur par le physique et le moral, pauvres créatures que la Nature a très mal dotées, pour qui le temple de Vénus reste inexorablement fermé, et qui n'ont jamais perçu les sublimes accords, jamais éprouvé les suaves sensations dont l'âme élue s'y enivre. Je sais que pour beaucoup d'entre elles la femme peut sans risque se rapprocher de l'homme, le coudoyer dans les réunions, les salles de vote, et ailleurs. Mais le triste privilège qu'elles ont, celles-là, ne doit pas éveiller l'envie des autres, à qui nous aimons mieux voir de légitimes craintes ; celles-là, par leur manque de scrupules féminins, par leur pauvreté en attributs du sexe, ce qui les rend si hardies, si agitées, sans grand danger pour elles, celles-là compromettent la cause des femmes en donnant à penser que les mécontentes sont précisément les déshéritées, les délaissées. En tout cas, elles ont affaibli les troupes du féminisme en les divisant en « *hoministes* » et féministes.

Pour ce qui concerne le *bonheur conjugal*, il est à craindre également que la femme ne retire pas de grands avantages de la jouissance des droits politiques.

Certainement, elle pourra obtenir, quand elle votera, l'abrogation ou la modification des lois qui la maintiennent à certains égards en état d'infériorité dans la famille, de même qu'elle pourra améliorer sa situation sociale ; certainement l'exercice du droit de vote sera sans inconvénient pour les femmes bien mariées, qui ont l'incomparable bonheur de jouir de cette paix intérieure basée sur une communauté parfaite de sentiments et d'idées, sur un profond respect mutuel imprégné d'amour et qui fait que des divergences d'opinions n'entament pas l'harmonie conjugale ; mais les autres, et qui sont en assez grand nombre ? Et les ménages ouvriers, où il y a entre les époux des liens si lâches, si faibles, qu'ils se brisent facilement, où il y a trop souvent, hélas ! peu de moralité, et où l'on a suscité des haines implacables, des appétits inassouvissables ?... Là, les discordes sont faciles ; et les brutalités rendent les réconciliations douloureuses à l'amour-propre blessé. Là, le respect de l'un pour l'autre est fatalement moins grand qu'ailleurs, à cause du manque d'éducation et de l'absence de cet amour qui empêche la mésestime, pouvant résulter de l'intimité, et rend les concessions faciles par crainte de déplaire. Dans ces milieux, il y a déjà assez de causes de mésintelligence, pour qu'on hésite à en créer d'autres ; il y a déjà des mœurs assez dissolues, pour qu'on réfléchisse sérieusement avant de créer des conditions d'existence favorables au libertinage, par la multiplication des occasions de fuir le foyer et les obligations domestiques.

L'homme a fait de la politique une chose si bête, si vide d'idéal et si pleine de passions, qu'il n'est pas de cause de désunion aussi redoutable ! On voit tous les jours des amis intimes se brouiller, des familles se désunir, par la faute de cette nouvelle déesse de discorde ; dans tous les milieux où l'on veut maintenir la bonne harmonie il est interdit, par des règlements établis d'un commun accord, de parler politique ; de tous côtés, la société se divise chaque jour plus profondément ; et, comment ne pas craindre de plus grands maux encore, quand on aura assuré au fléau sa plus grande extension, quand on l'aura introduit dans chaque foyer ?

Sur les questions politiques, nous ne sommes ni assez froids, ni assez intelligents, pour pouvoir causer librement.

Voilà donc un autre motif de redouter l'électorat féminin. Néanmoins, sans nier le danger, comme le font les « hoministes », il ne faut pas en exagérer la gravité, parce que les mal mariés le sont à trop d'égards pour que la politique ajoute quelque chose à leurs maux ; les causes de mésintelligence qui existent déjà entre eux sont les plus graves qui soient ; de sorte qu'on peut, à tout prendre, regarder la concession du droit de vote à la femme comme n'exposant pas la famille à des risques capables de justifier l'inégalité des sexes sous ce rapport.

Du reste, la femme sait mieux que nous ce qu'elle devra faire, selon les circonstances et le milieu.

En droit, l'on n'a aucune raison péremptoire pour lui refuser l'électorat : on n'a donc qu'à le lui accorder ; libre à elle d'en jouir, ou d'y renoncer volontairement quand elle y verra un inconvénient, pour elle.

Aussi bien, je suis persuadé que, pendant longtemps, peu d'entre elles prendront part aux consultations populaires ; et les mœurs se modifieront peut-être dans l'intervalle.

Mais, même en ne se mêlant pas aux luttes électorales, la femme sera incitée à s'en occuper, à s'initier aux choses de la politique, plus qu'actuellement ; elle songera à l'éducation civique de ses enfants, et, grâce à ses belles vertus intellectuelles et morales, elle pourra sans doute former des générations plus pondérées au point de vue politique, et animées d'un plus haut esprit de justice, d'un idéal social, puisqu'il n'y a encore de l'idéal que chez elle, dans le temps présent. Elle sera en outre bien plus apte qu'actuellement à exercer une influence pondératrice sur l'homme, parce qu'il n'y aura plus contre elle ce grand argument par lequel de nos jours on la fait taire : « Les femmes ne s'occupent pas

de politique. » Quand elle aura acquis le droit
de parler et d'agir, ce sera déjà beaucoup ; et
elle mettra sans doute son orgueil à se renseigner, à étudier les questions, pour ne pas
paraître sotte et mal informée ; et elle réno-
vera sans doute la politique, en lui insufflant
de généreuses idées. Enfin, selon la juste pensée de Stuart Mill, sa nature en sera rehaussée,
élargie.

Quand elle se reconnaîtra une action sur la
vie sociale, quand elle verra les affaires publiques sous sa dépendance autant que sous celle
de l'homme, elle sentira grandir en elle le
souci des responsabilités, et elle aura une plus
haute idée de sa valeur sociale, de son rôle ;
sa dignité s'en accroîtra ; sa personnalité s'af-
firmera plus nettement, se développera plus
pleinement ; elle saura acquérir de l'expérience ; et sa mentalité s'élèvera, parce qu'elle
accordera dans sa vie et dans son esprit une
plus grande place aux choses graves.

Cependant, elle fera bien de s'appliquer à
ne pas cesser d'être femme

Reste ce principe : *l'électorat est une fonction.*

Nous savons tous que ce principe a été imprudemment violé en faveur des hommes :

peut-on s'en autoriser pour le violer encore en faveur des femmes ?

Je ne vais point jusque là, malgré ma vénération pour le beau sexe, et, en raison même de cette vénération.

Je m'explique : je voudrais voir la femme relever et honorer le suffrage universel, et changer la politique, ainsi que je l'ai dit plus haut ; je serais heureux de la voir jouer un rôle social digne d'elle, et régénérer le citoyen ; pour cela, il faut qu'elle soit à la hauteur de cette noble mission par son Intelligence et sa moralité ; il ne faut pas qu'elle connaisse les bassesses et les hontes actuelles de l'électorat masculin ; il faut qu'elle soit un exemple salutaire à l'homme. Elle vaut mieux que lui comme personne privée : elle doit valoir mieux que lui comme personne publique. En conséquence, je suis d'avis de ne conférer les droits politiques qu'aux femmes pourvues d'instruction, munies du brevet élémentaire, au moins, et de bonnes mœurs.

Cette distinction présenterait en outre l'avantage de pousser les femmes à s'instruire, et, peut-être, aussi celui d'atténuer le fléau de la prostitution, par l'honneur civique accordé à celles qui se tiennent bien.

J'ai traité ailleurs (1) cette question de « l'intellectualisation » du suffrage universel. Je n'insiste pas ici.

En revanche, je ne vois aucune raison pour limiter le droit de vote aux élections municipales, ou départementales. Sans doute, les affaires municipales sont plus simples et plus faciles à résoudre que les affaires nationales, pour lesquelles il faut une intelligence plus ouverte, une science et une expérience beaucoup plus grandes ; mais, est-ce que les hommes, pour la plupart, possèdent ces qualités et cette compétence? Le vote des femmes, au contraire, tel que je le conçois, offrira plus de garanties que celui des hommes, pris dans son ensemble ; et je réclame pour celles qui sont dignes de prendre part aux affaires publiques le plein droit électoral. On l'a donné aux hommes : tant pis ; qu'on l'accorde aux femmes !

Je ne comprends donc pas la façon de faire des Anglais, par exemple, qui, après leur avoir accordé le droit de prendre part aux élections communales et aux élections provinciales, leur refusent la participation aux élections de la Chambre des Communes.

---

(1) Voir « Conditions et limites du Gouvernement par la Majorité », p. 154 et s. q... ; et « La Loi du Nombre ».

Maintenant, le droit politique de la femme doit-il aller jusqu'à l'éligibilité ?

Les Françaises ne réclament, pour le moment du moins, que l'électorat. Celles qui ont la ferme intention de s'en contenter font preuve de sagesse louable. Cependant, je ne sais si elles sont nombreuses. Je crains au contraire que ce ne soit une simple tactique, et que, une fois l'électorat conquis, elles ne réclament le droit de représentation dans les assemblées communales d'abord, puis, dans les Conseils généraux, et enfin au Parlement.

L'éligibilité est-elle nécessaire ?

Je ne regarde pas comme indispensable que la femme entre au Parlement pour que ses droits soient mieux respectés, ce qui est bien le côté pratique, semble-t-il, le but à atteindre. Du jour où les femmes voteront, elles seront mieux protégées, plus respectées ; il y aura plus de justice pour elles, parce qu'elles accorderont leurs suffrages aux hommes qui s'engageront à les défendre, et qu'elles décideront des élections dans la plupart des collèges, où elles seront plus nombreuses que les hommes (1). Elles auront donc dans l'Etat une influence

------

(1) De 1881 à 1906, l'excédent de la population féminine, en France, a passé de 92,000 à 645,000 !

prépondérante ; et elles inaugureront très probablement une politique plus humaine et plus juste, plus morale et plus libérale, plus nationale. Il en sera dans l'Etat, comme dans la famille : la femme exercera sa puissance mystérieuse, invisible ; sans régner, elle gouvernera.

Avec l'éligibilité, les femmes entreraient en trop grand nombre dans les assemblées, car elles voteraient en masse pour les « candidates », par esprit de solidarité, et elles irriteraient les hommes ; elles provoqueraient la lutte de sexes, dont elles souffriraient beaucoup plus que de l'état actuel. Il est dans la nature de la femme de commander sans le faire voir, de s'imposer tout en ayant l'air de se tenir au second plan. Qu'elle reste fidèle à sa destinée, à la tactique que la Nature lui impose et à laquelle elle doit sa puissance, malgré sa faiblesse ! Elle n'est pas faite pour l'action violente. Qu'elle laisse l'homme, dont c'est le rôle et le devoir, travailler, lutter pour elle ! A elle, les avantages, le bonheur ! Elle souffre assez par son rôle de créatrice d'humanité !

Pourrait-on limiter le nombre des sièges réservés aux femmes, dans les différentes assemblées élues ?

Ce serait arbitraire, injuste ; ce serait la

violation du principe du régime républicain, qui est la souveraineté du suffrage universel.

D'autre part, l'éligibilité n'est guère possible pour les motifs que j'ai indiqués plus haut.

Une autre raison à alléguer contre la représentation des femmes, au Parlement au moins, est que dans certains cas elles ne pourraient avoir cet esprit de décision et cette énergie nécessaires à une assemblée chargée des intérêts suprêmes, de l'honneur de la Nation. L'homme seul est capable de défendre contre les autres peuples les droits et la dignité de sa patrie, même au péril d'une guerre, et de la déclarer, s'il le faut, d'assumer toutes les responsabilités, de braver tous les dangers qu'elle comporte ; la femme s'affolerait devant l'imminence d'un conflit et descendrait jusqu'aux concessions humiliantes, pour éviter d'en venir aux armes. Je ne veux point dire cependant qu'elle soit lâche ; elle a, au contraire, à un plus haut degré que l'homme, certaines formes de courage : elle supporte mieux que lui la souffrance, les épreuves ; elle sait faire front au danger jusqu'à l'héroïsme pour défendre celui qu'elle aime; mais, exposer délibérément aux périls les êtres qui lui sont chers, braver les dangers, ce n'est pas dans sa nature.

L'homme seul est capable de ces actes de haute énergie, de sublime abnégation de soi-même, pour une idée, un principe, parce qu'il subit moins l'influence de la sensibilité.

Au surplus, comme les femmes ne sont pas près d'être admises dans les Parlements de certains peuples très « masculinistes », qui ont les vertus guerrières en très haute estime, et chez qui le culte de la force n'est pas sur le point de s'éteindre, ces peuples seraient tentés d'opprimer les peuples féministes, escomptant leur pusillanimité, leurs faiblesses et leurs renoncements.

Or, si l'éligibilité ne doit pas comporter pour la femme le pouvoir de siéger au Parlement, où seulement elle peut défendre ses droits, l'éligibilité est à peu près sans valeur.

Les nécessités des relations internationales imposent donc des Parlements masculins, dans l'intérêt des peuples féministes, pour leur sécurité.

Enfin, voici un argument capital, à mon avis, contre l'éligibilité de la femme : l'exercice du droit politique est une fonction sociale, la maternité avec toutes ses obligations et ses conséquences en est une autre ; or, celle-ci l'emporte de beaucoup sur celle-là et doit entraîner le sacrifice de l'autre, puisqu'il y a, sinon incompatibilité de principe entre les deux, du moins inconciliabilité de fait dans bon nombre de cas. En vérité, la fonction essentielle de la femme, celle à laquelle la Nature l'a destinée, est d'être génératrice d'humanité. Elle donne non seulement la vie, par l'enfantement, mais l'âme, par l'éducation. Elle crée et sculpte l'humanité. Il n'y a rien de plus grand au monde.

Que vaut auprès de cela le rôle de directeur, ou d'acteur, des événements sociaux ?

Si la femme ne comprend pas la majesté de sa fonction, si elle ne s'en contente pas, c'est à désespérer de son intelligence et de son dévouement aux œuvres plus utiles que brillantes.

Quant à celles que le sort ne favorise pas et n'élève pas à la fonction du sexe, elles doivent bien se garder d'y trouver prétexte à ambitions politiques, parce qu'elles compromettent leur cause en autorisant à regarder le « *féminisme* » comme le parti des laiderons et des rebuts du mariage, des déçues et des révoltées.

En résumé, rien ne justifie le refus des droits politiques à la femme ; elle en est plus digne que l'homme, en général. Mais, si elle veut

exercer une action utile, elle doit surtout conseiller, guider, inspirer, comme dans les
affaires domestiques ; et elle ne doit ni se mê-
ler aux luttes violentes des hommes, ni entrer
en conflit avec eux dans les assemblées élues.
Dans ces conditions, par son influence bienfaisante, moralisatrice, elle peut introduire
plus d'équité, plus de bonté et d'idéal, dans la
politique.

C'est donc un devoir de justice et d'honneur
pour les hommes de l'admettre à l'électorat.
Et les différents partis s'honoreraient, en le
faisant, sans se soucier des conséquences, sans
attendre qu'elle soit gagnée à leurs idées, parce
que le droit de la femme est au-dessus des
partis.

Je souhaite de tout cœur à la Chambre élue
en 1910 de marquer sa place dans notre histoire par cette grande réforme, et la fin d'une
grande injustice.

J'ai insisté sur les revendications politiques,
parce qu'elles me semblent les plus importantes, celles où le succès entraînera certaine-

ment de grands changements dans la condition de la femme.

De l'exercice du droit politique découlera, par exemple, l'amélioration de sa situation au point de vue économique.

Or, les femmes sont loin d'être satisfaites des conditions actuelles du travail. La propagation de l'instruction a fait naître chez elles un plus haut sentiment de dignité en même temps que des aspirations nouvelles ; et les difficultés de l'existence vont grandissant sans cesse. Les hommes se marient de moins en moins, et ils sont en France moins nombreux que les femmes, ce qui crée à celles-ci l'obligation de ne compter que sur elles-mêmes ; et les salaires féminins sont de moins en moins en rapport avec le prix de la vie, de sorte que les filles pauvres, les veuves et les mères malheureuses ne trouvent pas toujours dans le travail les moyens de vivre en restant honnêtes. Ce qui aggrave encore la situation, c'est que le nombre des femmes astreintes au travail grandit de jour en jour : il a presque doublé depuis quarante ans. La plupart des femmes, en France, ont besoin de travailler, pour vivre. Plus de six millions de femmes, par exemple, sont employées aux champs, ou dans les fabriques, ou dans le commerce ; plus de 250,000 sont dans l'enseignement, et dans les emplois publics ; près de 775,000 servent dans les maisons.

Pour quelques milliers d'entre elles qui gagnent de quoi suffire aux besoins ordinaires de l'existence, combien y en a-t-il qui vivent plus que modestement ! Et combien connaissent les cruelles souffrances de la faim et du froid !

Les ouvrières se plaignent des entraves apportées à la main-d'œuvre féminine, sous prétexte de protection, et demandent l'abrogation, ou, du moins, la modification des lois dont elles sont victimes, de façon qu'on établisse l'égalité des deux sexes dans la production et qu'on assure l'entière liberté du travail « sans autre réglementation que les forces, le courage, les besoins du travailleur. » (1)

Il est incontestable que les lois du 2 novembre 1892 et du 30 mars 1900 ont été inspirées par des sentiments louables ; mais il est aussi incontestable qu'elles nuisent à la femme

---

(1) Rapport de Mlle Marie Maugeret sur *La liberté du travail* (Congrès catholique de 1900). — Le rapport de Mme Maria Martin, au nom du groupe modéré, contient les mêmes revendications. — Mme Marguerite Durand demande la même chose, au nom du féminisme radical.

peut-être autant qu'elles la protègent contre
l'exploitation patronale, et contre son propre
courage que ne rebutent ni les travaux les plus
fatigants, ni les plus nuisibles à la santé. La
réduction de la journée de travail à 10 heures,
l'interdiction des « travaux souterrains des
mines, minières et carrières » et du travail
de nuit (de neuf heures du soir à cinq heures
du matin), les vexations incessantes causées
aux employeurs par les visites et les enquêtes
des inspecteurs chargés d'assurer l'observation de ces lois (1), tout cela fait que l'on aime
mieux employer les hommes, surtout dans les
professions plus particulièrement surveillées,
et que les femmes se voient éliminées peu à
peu de certains travaux dont elles pourraient
vivre facilement. Dans cette catégorie, se trouvent les travaux d'imprimerie, qui leur con-

---

(1) Voilà qu'on demande une loi sur « *l'Allaitement maternel* » (Proposition de MM. Engerand,
Laniel, Flandrin). — Le projet porte : « Pendant
une année à compter du jour de la naissance, les
mères employées dans les établissements visés par
l'article 1er des lois du 2 novembre 1892 et du 29 décembre 1900, disposeront d'une heure par jour durant les heures de travail pour allaiter leur enfant.
L'heure de l'allaitement ne pourra en aucune façon
être décomptée du montant du salaire journalier. »
— La conséquence probable de cette loi serait
d'augmenter la déconsidération du travail féminin
et de faire baisser encore les salaires.

viennent si bien, et qui leur sont rendus impossibles, pour les journaux du matin, au
moins. Et, chose bizarre ! il leur est permis de
plier les journaux de deux heures à quatre
heures du matin, mais il leur est interdit de
composer un journal de neuf heures du soir
à minuit ! Cette inconséquence les révolte
contre cett « loi des hommes ».

Pour la couture, des autorisations et des
tolérances existent, qui faussent ou paralysent
la protection du travail féminin et prouvent
l'impuissance des lois à sauvegarder l'ouvrière
contre le surmenage et l'exploitation.

Aussi incomplète, aussi maladroite, est la
loi du 29 décembre 1900, qui contraint les patrons à mettre des sièges à la disposition des
femmes employées à la vente ou à la manuten-
tion des marchandises « dans les magasins,
boutiques et autres locaux en dépendant »,
mais qui n'étend pas le bénéfice de cette mesure aux femmes employées dans l'industrie,
dans les fabriques de cartons, de chaussures,
de papiers, etc... ; de sorte que ces malheureuses ouvrières sont obligées de travailler debout, ce qui cause des fatigues inutiles, préjudiciables aux patrons eux-mêmes, et provoque des maladies internes, des infirmités
entraînant l'incapacité de travail.

Il eût été pourtant bien facile d'éviter cet oubli regrettable ! Et, d'autre part, il ne serait pas ruineux pour les patrons de mettre à la disposition des employées des tabourets ou des strapontins pliants. Mais, les lois les plus importantes sont faites à la légère, au milieu des préoccupations électorales, avec la pensée de faire croire aux masses qu'on a souci d'elles. de bluffer, plutôt qu'avec le désir sincère de faire du bien aux petits, aux humbles, et de diminuer leurs souffrances.

Cela prouve qu'il faut légiférer avec la plus grande prudence, et, qu'avec de bonnes intentions, l'on peut faire du mal. Cela prouve également qu'il y a une grave erreur à regarder la loi comme le principal facteur du bonheur individuel, quand le plus sûr moyen d'y travailler est d'améliorer les personnes, d'amender les mœurs.

Or, l'état moral actuel de la société française est loin d'être favorable au bonheur individuel ; et les formules légales, étroites et autoritaires, ou lâches et libérales, ne peuvent que le compromettre davantage, et augmenter le malaise. Le machinisme, en faisant sortir la femme du foyer, où autrefois elle travaillait tout en s'occupant de son ménage et en surveillant les enfants, a largement contribué à

relâcher les liens de la famille, à répandre
le libertinage, à faire négliger l'éducation des
enfants, et à désoler la société de ces générations licencieuses et insurgées contre les principes qui sont la sauvegarde de la civilisation.
L'école n'a pas pu, ne peut guère, suppléer la
famille dans son œuvre morale, et n'a fait
qu'aggraver la crise sociale en poussant à la
négation du droit, aux revendications injustes,
à l'abus de la liberté, à la soif de bien-être
issue d'une conception de la vie dépourvue
d'idéal et de grandeur. L'amour des plaisirs
et du luxe grandit d'une façon inquiétante,
partout, même dans les classes ouvrières où
l'on veut vivre comme les « bourgeois ».
D'autre part, la politique, dont l'âme française est trop profondément imprégnée, constitue une cause incessante de dépenses ; et
les prolétaires ne consacrent qu'une partie de
ce qu'ils gagnent aux besoins de leurs familles. L'élévation des salaires a donc plutôt
entraîné le renchérissement de la vie, que
l'accroissement du bien-être au foyer. Alors,
la femme, plus soucieuse des enfants, plus
exposée que l'homme à la souffrance et aux
privations, et ne pouvant plus de nos jours
travailler utilement au foyer, loue son activité
pour un maigre « salaire d'appoint » absorbé

en grande partie par les dépenses que nécessi·
tent les occupations et les travaux domestiques
confiés à d'autres. Et l'absence de l'épouse entraîne des gaspillages, des dépenses mal faites,
le manque d'ordre et de propreté, la négli-
gence des repas, toutes choses dont souffrent
le mari et les enfants, et qui ne sont pas de
nature à faire aimer la vie de famille, à retenir
le mari au foyer.

Tout cela, la loi ne peut pas le changer ; et
tout cela renferme dans un cercle de fatale
misère l'existence des ouvriers ; tout cela
pousse aveuglément à l'exaspération, au féminisme, dans le monde du travail.

Ce qui y pousse également, c'est l'inégalité
choquante qui existe entre les salaires des
hommes et ceux des femmes.

Sans doute la femme n'a pas la valeur de
l'homme pour les travaux qui exigent de
grandes dépenses de force musculaire ; et il
est juste alors qu'elle soit moins payée, quand
elle y est employée, puisqu'il y a inégalité
dans la production. Mais là, où il faut plus
d'habileté et d'attention que de force musculaire, dans la conduite ou la surveillance de
certaines machines, par exemple, elle peut
avoir une puissance de production égale à
celle de l'homme ; et les salaires doivent être

égaux pour le même nombre d'heures de travail.

Si le machinisme avait produit cet effet, il aurait heureusement contribué à améliorer le sort des femmes. Aussi bien il peut, par des perfectionnements à rechercher, mettre à leur portée certains travaux actuellement encore réservés aux hommes, et diminuer les souffrances du sexe faible en permettant à un plus grand nombre de femmes de se suffire.

Cependant, le problème ne serait pas résolu : il y aurait encore la concurrence féminine, et la redoutable concurrence masculine soutenue par les violences des syndicats, par les coalitions, par la force brutale et injuste. Les hommes, plus par intérêt que par bonté, apitoient les âmes sensibles sur le sort des « malheureuses ouvrières », sur l'état d'épuisement où les mènent rapidement les gros travaux, afin d'arriver à les exclure de la fabrique ; par exemple, ils veulent, sous prétexte d'hygiène, les éloigner complètement des travaux de composition et de linotypie(1), malgré les décl-

---

(1) Ils désirent ne leur laisser que le travail de plieuses, payé 2 francs environ, quand beaucoup gagnaient 8 francs par jour, ou par nuit, dans la typographie.

sions du Congrès de Bordeaux (juillet 1910), et se refusent à les admettre dans la « Fédération du Livre », malgré l'arrêt du Conseil d'Etat (23 décembre 1904) par lequel les ouvrières typographes ont dû se faire ouvrir la Bourse du Travail de Paris.

Et, les syndicats réclament des lois qui *protègent* la femme !

Il est très compréhensible, dès lors, que la femme s'indigne de cette hypocrite protection, synonyme pour elle d'oppression et d'injustice. Ce que les ouvriers veulent, c'est l'accaparement de tous les travaux lucratifs ; et ils sont les premiers à affirmer l'infériorité de la production féminine. Comment, dans ces conditions, s'étonner que les patrons exploitent la main-d'œuvre féminine et ne lui accordent que des « salaires d'appoint », insuffisants aux veuves et à celles qui doivent subvenir elles-mêmes à tous leurs besoins ? L'égoïsme étroit des ouvriers porte sa rançon ; la misère d'un très grand nombre de familles, dans le prolétariat français. De plus, de ce que les femmes du peuple sont écartées de certaines occupations qui leur conviennent, dans l'industrie, il résulte qu'un trop grand nombre d'entre elles sont condamnées aux travaux de lingerie, où elles se tuent pour une bouchée de pain, où elles sont accablées par la concurrence redoutable des ouvroirs, des refuges de l'Assistance publique et des prisons.

Aussi, que de souffrances, dans ce monde des lingères ! Il faut voir cela de près, pour s'en faire une idée exacte. Les doléances sont lamentables. Là, on travaille à cinq et sept centimes l'heure, quand il y a des ouvriers qui gagnent un franc, et plus, de l'heure, dans des travaux qui n'exigent ni plus d'intelligence ou d'habileté, ni un plus long apprentissage :

Emue de cet état de choses, la Commission permanente du Conseil Supérieur du Travail a adopté, en novembre 1910, un projet de loi à soumettre au Parlement, et portant (art. 1er) que les ouvrières de l'industrie du vêtement travaillant à domicile, à la journée, « ne peuvent recevoir une rémunération inférieure au salaire ordinaire, dans la région, des ouvrières occupées à des travaux analogues, et payées à la journée. » Et, comme le travail à domicile est généralement tarifé à la pièce, et non au temps, « les prud'hommes pourront faire des enquêtes... en vue d'établir l'équivalence entre le prix du travail à la pièce et le prix du travail au temps » (art. 4 du projet).

Il est à souhaiter que le Parlement vote le plus tôt possible cette loi nécessaire, et en étende le bénéfice à toutes sortes de travaux à domicile.

En attendant, l'exploitation honteuse de la femme, les injustices criantes qu'elle subit parce qu'elle ne sait pas se défendre, l'abandon où on la laisse, parce qu'elle ne vote pas et que sa nature résignée répugne aux violences ainsi qu'à la vie syndicale si contraire à son rôle social et à sa destinée, tout cela accumule en son cœur ulcéré des ressentiments et de sombres rêves d'égalité dans la production, que le féminisme encourage, et dont il reçoit une force nouvelle.

Or, cette égalité ne peut pas être la règle. Mme Marguerite Durand elle-même l'a reconnu. « La régularité dans le travail, la continuité dans l'effort, sont, en général, contraires au tempérament de la femme, qui est capable plutôt d'efforts momentanés, d'accès de zèle, de ce qu'on appelle vulgairement des coups de collier. » (1) De fait, la femme est plus délicate que l'homme ; elle se fatigue plus rapidement que lui à certains travaux ; elle est plus que lui exposée à des maladies, et même à des infirmités si elle est obligée de tra-

____

(1) *La Fronde* du 6 septembre 1900.

vailler debout ; les crises périodiques de sa
nature la condamnent à des précautions, à des
ménagements, ou à des absences qui dimi-
nuent sa valeur comme agent de production ;
les obligations de la maternité et les fatigues
de l'allaitement viennent encore affaiblir sa
capacité économique, quand elle remplit la
haute fonction de génératrice d'humanité ;
tout cela peut entraîner une inégalité de principe dans les salaires, mais à la condition que
cette inégalité soit proportionnelle à la diffé-
rence de puissance de production, suivant les
cas, les circonstances, les personnes, et les
métiers. Et il n'en est pas ainsi.

Les femmes ont donc raison de se plaindre.
Cependant elles vont trop loin lorsqu'elles
demandent l'abrogation de toutes les lois qui
réglementent leur travail, car non seulement
la Nature les faisant moins fortes que l'homme
leur impose des ménagements, mais le législateur aussi a le devoir de limiter leur fonction
économique, en vue de sauvegarder l'autre,
qui est la perpétuation de l'espèce.

Voilà, en effet, la principale fonction de la
femme, celle qui lui donne une valeur sociale
incomparable. Rien ne doit passer avant cela
pour elle, et pour nous. Nous devons par conséquent lui épargner les travaux capables de

déterminer des faiblesses organiques, une diminution de sa puissance de reproduction. L'avenir de la race l'exige : elle donne son sang et sa vie aux êtres qu'elle porte dans son sein, et qui sont vigoureux, si son sang est généreux, ou débiles, si les sources de la vie sont appauvries chez elle. Les peuples ont tout intérêt à protéger les femmes contre le surmenage et la misère physiologique, parce qu'il leur faut des individus vigoureux, au physique et au moral, pour les redoutables concurrences actuelles ; et la nation qui baisse en énergie est bien vite distancée, annihilée.

Je ne veux pas dire cependant qu'il faille regarder la femme comme une bête de reproduction qu'on doit entretenir et soigner pour l'espèce : pareille conception est indigne de la femme et de l'homme. Mon sentiment, au contraire, ma conviction est que la destinée naturelle de la femme n'est pas seulement de créer et de façonner l'humanité, mais aussi de la charmer, d'idéaliser la vie, d'être au foyer de l'homme un principe d'harmonie, d'ordre, d'économie, de bonheur, — ce qu'elle peut réaliser même quand elle n'est pas une beauté, — et que l'aptitude à gagner sa vie est pour elle un complément de perfection, ou une obligation regrettable, car la règle est qu'elle doit être nourrie par l'homme, ainsi que l'a fort bien dit Auguste Comte.

A chacun sa fonction ; voilà la loi du progrès ; et j'avoue, avec Mme Marcelle Tinayre, que « le travail des femmes constituerait une régression. » (1) J'ajoute que la principale condition de douceur de la vie de famille, de bonne éducation des enfants, et, par suite, de grandeur morale de la société, est que la femme reste au foyer.

Souvent elle en sort sans qu'il y ait grande nécessité, tout simplement parce que le ménage aime le confort, et le mari, les plaisirs, le café (2), la « petite partie » ; alors, pour augmenter les revenus, la femme travaille au dehors.

---

(1) *La Française* du 13 novembre 1910.

(2) Voici une triste constatation qui prouve bien la passion du café chez le Français : en 1910, il y avait à Paris 30,000 débits de spiritueux, tandis qu'à Londres, il n'y en avait que 5,860. Et Londres comptait plus de 4 millions et demi d'habitants, tandis que Paris avait moins de trois millions. — Saint-Pétersbourg, avec sa population de 1,500,000 habitants, ne renfermait que 513 débits

En 1911, la moyenne, par habitant, de la consommation d'alcool pur a été de 4 litres 06 (3 l. 31 en 1907). — Notre Parlement a commencé la discussion d'un projet de loi limitant « le nombre des cafés, cabarets et autres débits de boissons... à 3 par 600 habitants et au-dessous, et à un par 200 habitants et au-dessous. » Mais je doute qu'une loi de ce

Cependant, les charmes d'un corps que le travail n'a pas fatigué et la douce quiétude procurée par la présence continuelle de la femme au foyer valent mieux que ces vains plaisirs ; et les petites privations ne sont rien en comparaison des joies dont je parle.

Pour les mêmes motifs, les hommes ont raison d'épargner au sexe faible les travaux insalubres qui épuisent la santé et tuent la beauté, comme le travail dans les mines, les carrières. Il y a d'autres raisons, relatives à la moralité et à la famille. Les socialistes eux-mêmes reconnaissent l'impossibilité d'admettre les femmes dans les mines ; et ils font preuve en cela de bon sens et de clairvoyance.

Aussi bien, à l'homme qui a plus de sang-froid doivent être réservés les travaux dangereux (conformément du reste aux dispositions du décret du 13 mai 1893). L'homme s'honore en le faisant ; et la femme, loin de s'en trouver amoindrie, de songer à revendiquer le droit de courir ces dangers, doit en savoir gré et se

---

genre suffise à enrayer l'alcoolisme. Il faudrait aussi supprimer le privilège des bouilleurs de cru. (835.084 bouilleurs non contrôlés en 1911.)

Les femmes et le vaillant journal *La Française* mènent depuis octobre 1912 une louable campagne pour la limitation du nombre des débits de boissons.

dire qu'elle fait preuve elle aussi de courage, ailleurs, sans concurrence inutile.

Ces restrictions apportées à la liberté du travail féminin se comprennent donc ; et, quand certaines exaltées s'en plaignent et réclament l'entière indépendance, la complète assimilation à l'homme ; quand par un fol orgueil elles se croient diminuées par cette protection nécessaire, elles montrent de l'aberration et compromettent le féminisme ; elles s'éloignent de leur sexe, qu'elles veulent dénaturer et enlaidir.

Elles seraient bien prises si les hommes disaient : « Vous désirez faire ce que, par amour pour vous, nous voulons vous épargner ; eh bien ! à vos souhaits ! Descendez dans les mines ! allez aux hauts fourneaux, enfer que vous nous enviez ! Nous, pour vous plaire, nous prendrons ce que vous n'aimez pas, le doux travail à l'aiguille. »

Il est à prévoir, qu'au bout de quelques jours, les femmes seraient encore bien plus mécontentes de leur sort.

Il leur faut pourtant être raisonnables dans leurs revendications. C'est certainement plus difficile que l'exagération, la surenchère : mais elle est si belle la sagesse !

De même, les législateurs ont agi sagement

en interdisant en principe le travail de nuit ; et les tolérances ne doivent être accordées qu'avec la plus grande prudence ; et elles doivent être limitées au temps strictement nécessaire. « Tous, du reste, hommes et femmes, sont d'accord sur ce point », a déclaré Mme Vincent au Congrès de la Gauche féministe, en 1900, au nom de la Société coopérative des ouvriers et des ouvrières de l'habillement. Le travail de nuit, en effet, est une cause de discordes et de désunion dans les familles, de désordre dans les ménages, et de souffrances pour les enfants ; il favorise les rencontres dangereuses, ou nuisibles à l'honneur des époux ; il est épuisant, même quand il est suivi d'un long sommeil, qui peut se prolonger sur le jour, mais ne vaut jamais le sommeil réparateur de la nuit, parce que le calme de la nuit assure un repos plus complet, et que la lumière du jour est nécessaire à l'homme comme aux plantes. Si l'on songe, en outre, que le travail de nuit est le plus souvent la conséquence d'un caprice de mondaine sans cœur, et qu'il répond rarement à une nécessité du métier, l'on est naturellement porté à approuver les mesures prises en France et dans plusieurs autres pays.

Certes, le législateur ne peut pas empêcher

la mère de famille et la jeune fille malheureuses de s'épuiser, chez elles, en de labo-
rieuses veillées, par de froides nuits d'hiver,
souvent après un maigre dîner, pour reprendre le jour venu le travail quotidien ; et dans
ce Paris, par exemple, si merveilleux par les
beautés et les énergies, combien d'héroïques
mères de famille ne dorment régulièrement
que trois ou quatre heures au plus, la nuit,
en hiver comme en été, et peinent tout le jour !
Mais, ce qui ne peut pas être permis, c'est le
travail de nuit à l'atelier et à la fabrique, où la
femme trop courageuse, trop dévouée, trop facile à exploiter, deviendrait pour les forbans
de l'industrie et du commerce un instrument
de richesse, au détriment de sa santé et de son
avenir, aux dépens de la famille, de la société
et de la nation.

Ainsi, la femme doit se résigner à une protection raisonnable, juste.

Cependant, il importe que les pouvoirs publics ne se prêtent pas aux sollicitations inté-
ressées de certains groupements ouvriers qui
veulent faire fermer par la loi les fabriques
aux femmes. Dans la plupart des fabriques, au
contraire, il y a du travail qui leur convient,
et auquel doivent pouvoir s'adonner librement
celles qui sont soumises à la dure nécessité de

gagner par elles-mêmes leur existence. L'inter-
vention du législateur ne se comprend, et n'est
tolérable, que lorsqu'il s'agit de l'intérêt réel,
manifeste, de la société, ou des individus eux-
mêmes, qui sont moins clairvoyants que l'E-
tat, très souvent, parce qu'ils ne voient que le
présent ; et toute autre protection est injuste,
car elle favorise fatalement certains individus
en limitant inutilement la liberté de certains
autres. L'Etat, dans une démocratie, a l'obligation d'être absolument impartial, puisqu'il
est en principe le mandataire de tous, et que
tous doivent être égaux devant lui.

Ce n'est pas tout ce à quoi est tenu l'Etat, ici.
Son devoir de protection aux faibles lui commande de défendre le travail de la femme
contre l'avilissement des salaires. Or, en
France, il contribue à affamer la main-
d'œuvre féminine par la concurrence qu'il lui
fait, pour les travaux de couture, dans les prisons et les refuges de l'assistance publique ; il
contribue à rendre impossible le travail à
domicile, si moralisateur, si conforme à la
nature et au rôle de la femme ainsi qu'aux
nécessités de la famille et de la société. Il lui
serait bien facile d'atténuer cette concurrence,
en établissant partout « des prix de séries,
après entente avec les groupes corporatifs in-

téressés », conformément aux vœux formulés par les Congrès féministes de 1900. Cette mesure aurait pour effet non seulement d'améliorer les conditions du travail libre, mais aussi d'assurer aux prisonnières à leur libération un plus gros pécule, qui leur permettrait de se tirer d'affaire plus facilement, et aiderait d'une façon plus efficace à leur relèvement, car le dénuement et le manque d'occupation entraînent souvent à de nouvelles fautes. L'Etat doit s'acquitter de cette charge, même au prix de certains sacrifices pécuniaires, si c'est nécessaire, tout comme il doit coopérer au relèvement du travail féminin en rétribuant les femmes qu'il emploie, d'après le principe de l'égalité des sexes, à égalité de travail et de puissance de production, ou de titres et de grades, et en imposant la même obligation aux administrations départementales et communales. Au lieu d'agir ainsi, l'Etat donne le mauvais exemple en maintenant entre ses employés des deux sexes, recrutés par les mêmes examens, des inégalités de traitements justifiées par des raisons budgétaires (1), et par l'inégalité des charges, puis-

---

(1) Pour égaliser les traitements dans l'enseignement primaire, par exemple, il faudrait, dit-on, 9,600,000 francs et, dans l'enseignement secondaire,

que, dit-on, c'est l'homme qui nourrit la famille.

Mais, il y a aussi des femmes qui le font (1).

Il conviendrait cependant de prendre des mesures contre les associations de traitements en disproportion avec les charges de famille.

Quant à la question budgétaire, elle peut se résoudre par un peu plus d'ordre dans l'administration des deniers publics, par la défense des budgets contre l'exploitation électorale, par la réduction des gros traitements et la suppression des emplois inutiles.

Enfin, l'Etat et les particuliers devraient favoriser par toutes sortes de moyens le travail des femmes à domicile, dans toutes les industries qui s'y prêtent, telles que la bijouterie, l'orfèvrerie, la vannerie, la dentellerie, la tapisserie, etc... Dans la dentellerie, par exemple, n'est-il pas déplorable que nous soyons concurrencés, chez nous, par les ouvrières belges pour des genres essentiellement français comme les Chantilly et les Bayeux ? (2)

1,400,000 francs. On pourrait trouver cependant ces quelques millions pour les instituteurs.

(1) La commission du budget (pour 1913) a adopté en décembre 1912 l'égalité de traitement pour les veuves et les divorcées avec enfants. C'est déjà quelque chose.

(2) 200,000 ouvrières vivent actuellement de l'in-

D'autre part, l'initiative privée, si dévouée, si généreuse en France, doit multiplier les associations chargées de procurer de l'ouvrage aux femmes, et créer des *Bourses du travail féminin* (1) où l'on recevrait en dépôt les produits, en faisant des avances à celles qui en ont besoin, et où l'on vendrait ces produits, où enfin l'on procurerait du travail, des emplois. La charité aurait là un excellent champ d'action ; et les dons et les subventions des âmes généreuses pourraient, avec une sage administration, recevoir la plus grande utilisation possible.

Mais, reste la question de la maternité, si grave pour les familles ouvrières.

L'Etat, pour sa part, doit s'en occuper autrement qu'en assurant la gratuité des soins médicaux, ou en permettant l'hospitalisation sur l'avis du médecin (2) de l'A. P., et en autorisant la « suspension du travail pendant huit semaines consécutives, dans la période qui précède et suit l'accouchement », sans que cela puisse être « une cause de rupture par

dustrie de la dentelle en France : la protection en ferait grandir le nombre certainement.

(1) Il existe à New-York une institution de ce genre.

(2) Loi du 15 juillet 1893.

l'employeur du contrat de louage de services,
et ce à peine de dommages-intérêts au profit
de la femme. » (1) Il ne suffit pas, en effet, que
la mère puisse se reposer : il faut aussi qu'elle
soit soustraite aux privations, à la faim (2),
pour qu'elle puisse nourrir son enfant et le conserver. Tout le monde connaît les inquiétantes
statistiques de la mortalité infantile (3); tout
le monde parle, en France, de la diminution
dangereuse de la population ; et l'Etat ne fait
rien, ou à peu près, pour enrayer le mal.
M. Engerand, qui eut l'initiative de cette loi
protectrice de la maternité, put faire la triste
remarque que dans le même budget où était
inscrit un crédit de 900,000 francs pour subventionner les œuvres destinées à combattre la
mortalité du bétail, il n'y avait qu'une somme
de 160,000 francs (4) pour les œuvres protec-

---

(1) Loi du 27 novembre 1909.

(2) Un projet de loi, voté en décembre 1912 par
le Sénat, et actuellement devant la Chambre, assurerait le « *repos indemnisé* » pendant huit semaines. La Chambre devrait se hâter de voter cette loi.

(3) D'après des statistiques, que je n'ose regarder
comme rigoureusement exactes, elle s'élève à 80 %
dans le monde ouvrier. C'est la proportion admise,
par exemple, par les auteurs du projet de loi sur
l'Allaitement maternel. Voir *La Française* du
27 août 1911.

(4) Cette somme a été portée plus tard à 500,000
francs.

trices de la première enfance ! L'Etat français a tort de ne pas s'intéresser comme il convient à une question aussi capitale et de l'abandonner, ou à peu près, à l'initiative privée ; il y a là cependant pour lui un devoir strict, inhérent à sa fonction de prévoyance et d'organisation ; et il ne peut se soustraire à l'obligation de trouver l'argent nécessaire à une « *Caisse de la Maternité* », ouverte à toutes les mères nécessiteuses, sans considération d'opinions politiques ou religieuses.

On avait parlé, avant la Séparation, d'affecter à cela le budget des Cultes !

Cette « Caisse de la Maternité » ne doit pas assurer seulement le nécessaire aux femmes en couches, elle doit aussi assurer des secours aux mères abandonnées et à celles qui sont dans l'impossibilité de subvenir aux besoins de leurs enfants.

Mais, hélas ! en France, l'Etat comprend et fait si mal son devoir, quand il y a un intérêt politique en jeu, et, pour cette raison, inspire si peu de confiance, que cette « Caisse de la Maternité » serait suspecte à beaucoup, et deviendrait probablement une nouvelle caisse électorale ! Et voilà pourquoi rien de grand, de vraiment humanitaire, ne se fonde en France ; voilà pourquoi, l'on n'y fait que de belles phrases comme celle-ci : « Pendant la période de gestation, la femme est un véritable « fonctionnaire social. »

Ne laissez donc pas alors à des associations privées le soin de secourir les femmes en couches et de protéger la tendre enfance contre les maladies, les privations, la mort !

Et ces associations sont malheureusement des associations de secours mutuels, où l'on est obligé de verser avant de recevoir, ce qui n'est pas toujours facile aux pauvres.

Maintenant, de quelle nature doit être le secours ?

Certains voudraient l'hospitalisation obligatoire. Mais, le monde ouvrier a le plus souvent horreur de l'hôpital ; et l'obligation entraînerait la nécessité de sévir, qui, même en se recommandant de l'intérêt supérieur de la société, paraîtrait odieuse, provoquerait des révoltes individuelles et des dissimulations préjudiciables. Puis, pendant que la mère serait à l'hôpital, que deviendraient les autres enfants, le mari, le foyer ?

L'hospitalisation ne peut donc être que facultative.

Ce qui vaut mieux, à mon avis, c'est le secours à domicile, à toutes les mères pauvres qui en feraient la demande, et qu'on soumettrait à une surveillance au point de vue de l'hygiène et des soins aux nouveau-nés. Ce secours doit durer au moins un mois après les couches, et être au moins de deux francs par jour, pour que la mère ne pâtisse pas trop, et pour que l'équilibre des budgets des familles pauvres ne soit pas pour longtemps rompu par le redoutable événement qu'est la naissance d'un enfant dans ces milieux.

Il faudrait en outre des « *maternités secrètes* », assez nombreuses, facilement accessibles aux filles-mères désireuses de cacher leurs fautes, ainsi qu'aux femmes servant dans les maisons, et qu'une grossesse prive de leur emploi.

Par ces mesures de protection l'Etat diminuerait d'une façon appréciable la misère des basses classes, les souffrances des femmes, et apaiserait de justes revendications.

Ces mesures favoriseraient sans doute la maternité naturelle : ce n'est pas une raison pour abandonner à leur malheureux sort toutes les femmes qui souffrent dans la vertu. Et celles-là aussi, qui connaissent par leur propre faute les cruelles épreuves de la misère, doivent être secourues, parce que la souffrance est toujours pénible et constitue pour beaucoup une école trop rude qui dessèche le cœur et dévoie l'énergie, parce que la philanthropie plus large que la vertu a pour seule limite l'irréductible hostilité de l'individu.

C'est à la Morale et à l'éducation, à une bonne loi sur la paternité, de faire le reste.

Est-ce tout ce qu'il faut instituer en faveur des femmes, dans l'ordre économique ?

Non. L'Etat doit encore leur faire une place égale à celle des hommes dans les administrations publiques, municipales, départementales et nationales, afin de permettre à un plus grand nombre d'entre elles de n'être à charge à personne. Beaucoup déjà gagnent leur vie dans l'enseignement primaire et dans l'enseignement secondaire, dans les services des postes, des télégraphes et des téléphones, des finances ; quelques-unes, dans les douanes (1).

---

(1) 9 dactylographes à la Direction générale et 113 préposées à la visite des bagages de cabine et des voyageuses. C'est peu. (En Indo-Chine et à la Guyane, il y a aussi quelques femmes dans le service des Douanes.) En revanche, heureusement, il y en a plus de 250,000 dans l'enseignement et dans les emplois publics. Mais, en septembre 1911, deux dames furent écartées du concours pour l'emploi de rédacteur au ministère de l'instruction publique, sous l'insignifiant prétexte qu'il faut avoir fait le service militaire. C'est regrettable pour le ministre qui osa prendre cette décision. L'affaire alla devant le Conseil d'Etat, qui approuva le ministre.

Ce n'est pas suffisant : les administrations de l'Enregistrement, des Contributions, des Douanes doivent leur être largement ouvertes, parce qu'elles sont aussi aptes que les hommes à y occuper la plupart des fonctions, et qu'elles peuvent même y être supérieures par leur souci du règlement et leur honnêteté. Les emplois de bibliothécaires devraient leur être exclusivement réservés, parce que ce sont des occupations trop douces pour les hommes et qu'elles conviennent parfaitement aux qualités de mémoire, d'ordre et de propreté des femmes. Je ne vois guère que la fonction de juge et celle de directeur d'administration qui soient au-dessus de la femme, en général, non pour la capacité requise, mais pour les qualités de décision et d'indépendance qui y sont nécessaires.

Ces réformes auraient probablement pour effet d'exaspérer les hommes et de provoquer une réaction brutale contre le féminisme. Déjà, dans l'état actuel des choses, beaucoup pensent que les femmes sont envahissantes (1) : que sera-ce quand les hommes se

______

(1) Les médecins, par exemple, songent, dit-on, à faire limiter le nombre des sages-femmes, à leur faire interdire les accouchements difficiles et les consultations avant le septième mois de grossesse,

verront écartés des emplois qu'ils occupent depuis si longtemps, et qu'il leur faudra trouver de nouvelles issues à leur activité ? La femme sera alors regardée comme l'ennemie ; les hommes, qui sont déjà devenus bien grossiers envers elle, n'auront plus pour elle la déférence, la sympathie, les sentiments de protection qu'ils ont aujourd'hui ; la guerre lui sera partout déclarée (1) ; et la femme, découronnée, descendue du trône glorieux où l'amour des hommes de France l'a placée depuis des siècles, deviendra peut-être sur notre terre

---

etc... Le prétexte d'incapacité est vain, puisque la durée des études est de deux ans, quand il n'est demandé aux étudiants en médecine que d'avoir fait un stage de six mois et d'avoir vu huit accouchements !

(1) Les journaux ont annoncé que la Compagnie américaine du Chemin de fer Baltimore-Ohio avait résolu, en avril 1910, de renvoyer toutes ses employées et de les remplacer par des hommes, alléguant que les hommes peuvent faire 30 % de travail en plus que les femmes, et que les femmes sont moins capables d'un effort soutenu, qu'elles sont incapables de se perfectionner, etc... Les Américains se plaignent de « l'invasion des femmes » ; ils remarquent avec étonnement que ce sont les professions regardées autrefois comme masculines qui ont aujourd'hui leurs préférences, que le nombre des couturières a augmenté de moitié moins que celui des « envahisseuses » des professions masculines, et que celui des lingères est resté le même, pendant les quarante dernières années.

poétique ce qu'elle est en pays anglo-saxon,
un être intermédiaire entre la Française et
l'homme. Et elle souffrira davantage, parce
qu'elle vit surtout par le cœur, en France, et
que la misère n'est rien pour elle, quand elle
aime, ou se sent aimée.

Il y a, de ce côté, un danger, à mon avis.
Néanmoins, l'on pourrait entrer prudemment
dans cette voie et établir par des faits le principe de l'égalité des sexes devant toutes les
fonctions publiques, à aptitudes égales et à
titres égaux. La justice l'exige ; et les femmes
ont raison de protester contre l'exclusion qui
fait peser sur elles une incapacité injustifiée.

Mais, l'on ne doit pas perdre de vue les nécessités sociales et les fins de l'être. La Nature
a fait l'homme fort, endurant, courageux,
exempt de certaines faiblesses organiques liées
à la constitution de la femme : elle lui impose
l'obligation de protéger sa compagne, de lutter pour elle, et de gagner son existence, puisque sa compagne lui apporte en retour son esprit et son cœur, ses soins, tout son être. La
femme, elle, a été faite pour le lourd fardeau
de la création : elle porte, avec de longues
souffrances incompréhensibles à l'homme,
l'immortelle humanité ; il lui faut se vouer à
l'allaitement et aux soins qu'exige l'espèce

dans le premier âge ; et cette fonction en entraîne une autre, celle qui consiste dans les occupations intérieures et la préparation de tout ce qu'il faut à celui qui au dehors travaille pour la famille. Voilà la différenciation et la spécialisation imposées par la Nature. Ce doit être la loi.

Il faut donc tendre à ramener la femme au foyer, d'où elle est sortie par suite de nécessités contre lesquelles il importe de lutter, et qu'il n'est pas impossible de modifier.

Elle ne doit travailler au dehors que lorsqu'il y a obligation impérieuse. Et, alors, tous les avantages indiqués plus haut doivent lui être faits.

Je n'hésite pas à demander que l'Etat, prêchant d'exemple, retire ou refuse tout emploi public à toute femme dont le mari possède par lui-même ou par son travail des ressources pouvant suffire aux besoins de la famille, afin de réserver les emplois aux veuves et aux jeunes filles qui sont dans le dénuement ; car il est scandaleux de voir partout des ménages de fonctionnaires accapareurs et jouisseurs, dans la stérilité voulue, souvent, quand de pauvres femmes, ayant tous les droits aux faveurs de l'Etat, meurent de faim, ou travaillent pour des traitements de famine. J'ose réclamer la

même mesure des directeurs des maisons de
commerce, de banque, d'industrie. N'est-il
pas révoltant que, dans les grands magasins
de Paris, par exemple, des femmes de gros employés gagnant douze, quinze et vingt mille
francs, occupent elles aussi dans les mêmes
maisons des emplois bien rétribués, abandonnant à des soins mercenaires leurs enfants,
quand elles veulent en avoir, et leurs foyers,
trahissant par cupidité leurs devoirs de mère,
d'épouse ?

Et c'est le droit à la vie usurpé à autrui.

De même, dans les fabriques, dans les ate-
liers, le travail doit être refusé aux femmes des
ouvriers qui ont des salaires élevés, ou du
moins suffisants, pour leurs charges de famille, et doit être accordé de préférence aux
veuves et aux orphelines d'ouvriers, aux femmes sans ressources.

La claire compréhension des devoirs de solidarité humaine et de solidarité sociale, le souci
de l'avenir de la Nation, de nos enfants, tout
cela doit donner, à ceux qui réfléchissent, la
fermeté et l'esprit de suite nécessaires à la
grande œuvre d'assainissement moral et de
justice sociale qu'il faut accomplir en ren-
voyant la femme à l'éducation de ses enfants,
aux occupations domestiques.

Il y a trop d'enfants abandonnés, qui grandissent dans les rues, et deviennent des malfaiteurs à l'âge où ils doivent songer à devenir des hommes ! La criminalité infantile est effrayante ! L'âme des basses classes est à refaire.

Le recul de ce côté rendra inutiles, dangereux, les progrès de la science, du machinisme, de l'industrie.

Mais, objectera-t-on, cette façon de faire encouragerait les unions illégitimes dans le monde ouvrier, où l'on est plutôt porté à fuir les soucis, les responsabilités et les sacrifices qu'entraîne forcément le mariage !

D'abord, l'on peut en dire autant de l'ordre de choses actuel. C'est plutôt dans le déréglement des mœurs, dans l'extension de la prostitution, dans l'amour des plaisirs et du bien-être, dans le déchaînement de l'égoïsme, qu'il faut chercher les vraies causes du fléchissement de la nuptialité. Et il serait facile d'atténuer le mal par de sages dispositions légales sur la recherche de la paternité, et surtout par la scrupuleuse application de la loi dans tous les cas où il est possible d'établir des responsabilités. Cela modifierait singulièrement les mœurs, sans aucun doute.

Puis, il s'agit tout simplement d'éloigner de

la fabrique, ou de l'atelier, les femmes qui peuvent se dispenser d'y être, pour faire place à celles qui doivent y être par nécessité.

Au reste, cela n'empêcherait pas ces femmes de travailler à domicile et d'augmenter ainsi les ressources du ménage.

Enfin, cela contribuerait dans une certaine mesure à diminuer le chômage de la main-d'œuvre masculine, et à améliorer d'une autre façon le sort des familles ouvrières.

Mais, ce qu'il faut surtout, c'est améliorer les conditions du travail en chambre et faire monter les salaires de la main-d'œuvre domiciliaire. J'ai déjà dit ce que l'Etat doit faire en vue de cela. De leur côté, les syndicats ouvriers, au lieu de s'épuiser inutilement dans des luttes politiques stériles et dans des conflits anarchiques, au lieu de travailler à gagner aux moyens violents les femmes et les filles du peuple, feraient bien meilleure besogne en cherchant par des moyens justes et sages à obtenir des salaires raisonnables pour les ouvrières en chambre, ce qui faciliterait sans doute le relèvement de la situation matérielle et de la situation morale du prolétariat. Les syndicats d'hommes, absorbés par les idées révolutionnaires, n'ont pas encore vu qu'il y a là une œuvre nécessaire, intéressant au plus haut point tout le monde des travailleurs, et un acte de solidarité qui s'impose.

Il importe que les ouvriers prennent en main la défense de leurs femmes et de leurs filles (1). Aussi bien, les ouvrières en chambre doivent se syndiquer et s'efforcer de faire croître leurs salaires par l'union dans la justice. Les femmes, assurément, sont peu portées d'elles-mêmes aux coalitions, aux conflits ; elles ont peu d'initiative, parce qu'elles sont craintives ; et elles aiment mieux se résigner ; mais elles doivent comprendre la nécessité de s'unir sans violence pour la protection commune (2) ; il leur faut ce courage, puisque de nos jours il n'y a guère d'autre moyen de faire admettre le droit, ce que je déplore pour ma part.

(1) Les fileuses de soie d'une usine de la région cévenole s'étaient mises en grève en octobre 1910 pour obtenir que leur salaire de 1 fr. 60 fût porté à 2 francs. Les ouvriers cardeurs et batteurs s'étaient joints à elles. Les patrons, pour jouer un bon tour aux fileuses, donnèrent satisfaction aux ouvriers qui abandonnèrent alors immédiatement les ouvrières ; de sorte que celles-ci, faiblement soutenues par les syndicats d'Alais et de Saint-Hippolyte, durent renoncer à leurs revendications et reprendre le travail, pour ne pas irriter davantage les patrons, dont les femmes leur faisaient du bien.

(2) Sur 4 millions environ *d'ouvrières* françaises, il y avait un peu moins de 100,000 syndiquées en 1909. Les statistiques de 1909 accusaient 7,693,412 *salariées* (65 % de plus qu'en 1870.)

Depuis 1910, un mouvement d'organisation (1) est né, sous l'impulsion de quelques dames du grand monde : quatre syndicats professionnels de femmes ont été créés avec des cours de dactylographie, de comptabilité, de langues étrangères, etc... Les généreuses et dévouées fondatrices n'ont eu en vue que l'intérêt de la famille ; souhaitons qu'elles aient de nombreuses imitatrices, et surtout que le mouvement ne dévie pas.

Il importe au plus haut degré que les femmes se gardent d'adopter la tactique et les procédés des syndicats rouges (2) : elles rendraient plus aigu, plus difficile à résoudre, le conflit

---

(1) L'Académie des sciences morales et politiques récompensa, le 30 juillet 1910, Mlle Rochebillard, pour son rôle dans la fondation de syndicats d'ouvrières dans la région lyonnaise.

(2) En septembre 1910 eut lieu à Paris la première grève féminine, d'après la tactique de la C. G. T. Les confectionneuses des magasins « A Réaumur », fatiguées de « se crever » pour avoir des salaires convenables, et mécontentes du directeur de l'atelier, se laissèrent entraîner par ces Messieurs de la C. G. T., tinrent des réunions à la Bourse du Travail, quêtèrent dans les cafés et les restaurants pour alimenter la caisse de grève, parcoururent les rues en chantant l'*Internationale*, provoquèrent des bagarres au cours d'esquelles il y eut des blessés, etc...

Que tout cela est indigne de la femme, et de mauvais augure pour l'avenir !

de la main-d'œuvre et du capital ; elles aggraveraient leur situation.

Au surplus, il faut multiplier les œuvres comme « *L'Aiguille française* », dont le but est de diminuer les souffrances des femmes qui vivent de leur travail.

Ce n'est pas tout ce qu'il y a à faire pour améliorer le sort des familles ouvrières, et celui de la femme du peuple : il importe également de garantir aux apprentis le droit à un salaire, de manière à alléger le plus tôt possible les charges des parents ; il faut enfin partout des assurances, peu coûteuses et obligatoires, contre la maladie et le chômage.

Ces assurances, faites par l'Etat, ou des sociétés placées sous son contrôle étroit, doivent être complètement à l'abri des influences politiques, et n'être que des institutions de bienfaisance. Pour cela, elles doivent être administrées par des hommes de haute indépendance et de parfaite honnêteté morale et civique, car il ne faut pas songer à créer des caisses électorales où les amis puiseraient à pleines mains. Il faut, au contraire, inspirer confiance afin que les caisses deviennent assez riches pour répondre entièrement à leur objet, et secourir toutes les familles qui sont dans le besoin. Et tous ceux qui dans l'Etat peuvent quelque chose en faveur de leurs compatriotes malheureux doivent le faire.

Chaque année, en France, il se donne des millions aux établissements d'assistance publique (1) ; et il est certain que, si les basses classes n'avaient pas le mauvais esprit qui les anime, si elles savaient se rendre sympathiques, la charité des riches serait beaucoup plus généreuse.

Le gouvernement, de son côté, doit fonder, ou autoriser, de grandes loteries nationales destinées à enrichir ces caisses. Il faut, pour la tranquillité et la stabilité de notre société, qu'un vaste mouvement de solidarité rapproche les différentes classes et fasse de la souffrance des humbles la souffrance de tous.

Cette magnifique œuvre sociale ne peut être réalisée que par l'amour, dans la concorde, et sans la politique.

Or, que voyons-nous partout en France ? des politiciens semant la haine, et des partis faits de haines, vivant de haines ; les éléments sociaux dissociés avec acharnement par des gens qui ont toujours à la bouche les mots « *solidarité, humanité, fraternité* » ; la bienveillance partout effarouchée par la menace et

---

(1) En 1909, par exemple, 101 millions ont été acceptés par l'Etat.

la violence ; des bras partout armés pour la lutte ; partout des provocations, des appels à la guerre civile ; partout des chefs terrorisant ceux qui, fatigués de ces luttes fratricides, manifestent le désir de déposer les armes...

Je l'ai déjà établi ailleurs, cette politique-là tue la France, et condamne à la souffrance les gens dont le bonheur dépend de la bonne volonté de ceux-là mêmes à qui l'on fait la guerre, quand on devrait faire appel à leur cœur et à leur esprit de justice.

La violence attire la violence. La haine n'enfante que la haine, la désunion, la douleur.

Il faut un esprit nouveau. Chassons de la direction des affaires publiques tous les pontifes de discorde. Que tous ceux, qui se sentent au cœur un peu de bonté, s'unissent pour les humbles, et pour l'être le plus aimable de tous les humbles, la femme.

Sa beauté et ses charmes valent bien cela. Et elle nous récompensera en bonheur. La vie est courte !

***

Les femmes se plaignent aussi des prescriptions de l'article 213 du Code civil : « Le mari doit protection à sa femme, la femme obéissance à son mari. » (1)

Le devoir d'obéissance leur semble injuste, intolérable.

En vérité, le beau sexe se laisse gagner par les doctrines égalitaires.

Ce ne sont point seulement les femmes du peuple qui vont à ces idées, celles de leur milieu ; une partie de la bourgeoisie aussi est atteinte par la contamination. Et le mal est encore plus grand qu'on ne le croit, peut-être ! S'il faut, en effet, prendre à la lettre les propos et les déclarations des femmes, leurs récriminations et leurs railleries, nombreuses, très nombreuses sont celles qui supportent avec impatience cette obligation légale, et y voient une injure à leur dignité, une présomption d'infériorité absolument injustifiée et inadmissible.

Quelles peuvent être les causes de cet état d'âme ?

______

(1) Une proposition de loi portant l'abrogation de cet article a été déposée sur le bureau de la Chambre par six députés, en octobre 1908.

Il y a d'abord toutes les injustices des hommes.

Puis, — et je m'empresse de reconnaître que ce n'est pas un gros défaut — l'homme est souvent trop inférieur à la femme dans les petites choses de la vie, dans tout ce qui a rapport aux convenances, au monde. Son esprit, absorbé par les nécessités de la lutte pour l'existence, répugne aux mignardises et aux minauderies, aux petites préoccupations de la mode, aux détails insignifiants. Et c'est là que la femme triomphe ; c'est là qu'elle attend l'homme pour le juger inférieur à elle. C'est mesquin : je l'avoue, malgré la respectueuse admiration que j'ai pour le sexe. L'homme le sait ; et il craint et se trouble, ou dédaigne et affecte de la rondeur un peu brutale, ou bien évite les contacts. Et la femme tire argument de tout cela pour affirmer sa supériorité.

Ensuite, les hommes se troublent trop facilement devant les femmes, et font ou disent des bêtises. L'attitude expectante de cet être énigmatique qui, toujours replié sur lui-même, observe et se réserve, ne se livre pas, attend toujours par éducation et par instinct atavique que l'homme vienne, et se dépense en paroles, en bonnes manières, en compliments, où son espièglerie et sa malice trouvent souvent à s'exercer, et qui se délecte à le voir se piquer aux fines pointes qui lui sont tendues ; cette attitude intimide l'homme bien élevé, soucieux de paraître et de plaire, lui enlève son assurance, lui fait perdre ses moyens. Et la femme, alors, de se croire supérieure !

Aussi bien, c'est la conséquence d'une spécialisation excessive d'attributions et de rôle, et qui donne à chacun une trop grande supériorité dans son genre. Si la femme rit de l'homme et se sent bien au-dessus de lui, quand il se mêle de choses où son éducation est forcément incomplète, l'homme a la profonde impression de l'infériorité de la femme, dès que celle-ci, sortant de ses occupations ordinaires et de ses sujets habituels de conversation, parle affaires, politique, sciences, littérature ; l'homme voit alors immédiatement le savoir de parade, sans fond, révélant plutôt le désir de paraître que d'être, et une intelligence superficielle qu'il dédaigne.

De sorte qu'une supériorité réelle existe de part et d'autre ; mais, chez l'homme, c'est dans les choses importantes, ce qui lui donne un orgueil dont la femme souffre.

Le mal principal est que les deux sexes ne se comprennent pas, par là faute des deux. La femme, en effet, a trop souvent l'esprit pe-

tit ; l'homme est très souvent trop positif, trop
rude. La femme a le culte de la forme ; c'est
dans sa nature : elle le pratique dans sa coif-
fure, dans sa manière de s'habiller, de se tenir,
de parler, même d'aimer ; dès l'enfance, elle
s'y exerce ; elle arrive à y exceller, et en
relève puissamment son charme, quand,
loin d'y mettre de l'exagération, elle atteint
au contraire la noble simplicité. Et l'homme,
souvent, dédaigne trop la forme, ignorant
qu'il grandit non seulement dans l'estime de
la femme, mais encore en valeur sociale, en
se rapprochant d'elle à cet égard, en se pliant
aux bonnes manières qui rendent certainement les relations sociales plus faciles, plus
agréables. Il a tout à gagner en fuyant la trivialité, la bonhomie grossière ou naïve, la
rudesse qui choque et trahit l'infériorité d'o-
rigine, ou d'éducation. Lorsque à cette façon
de faire il ajoute le courage, le sang-froid, le
savoir et l'intelligence, il impose facilement
à l'esprit féminin, et prend tout naturellement
de l'autorité, sans s'attacher à en acquérir.

La femme, de son côté, ne peut que gagner
en se débarrassant de l'amour des petites
choses, en travaillant à élargir son intelligence
afin de se rapprocher de la mentalité de
l'homme, et en s'instruisant comme lui, non

pour faire montre de ses connaissances, mais pour acquérir plus de valeur réelle, plus d'expérience. Alors, elle comprendra mieux l'homme ; elle l'estimera davantage ; et elle ne se plaindra plus de le voir méconnaître sa supériorité, ou amoindrir sa dignité par le devoir légal d'obéissance.

D'ailleurs, pour l'homme bien élevé, ce droit à l'obéissance est un pouvoir théorique dont il ne parle qu'en plaisantant ; il n'a pas le ridicule de l'invoquer pour imposer à sa femme ses idées et ses manières de voir ; il n'y songe même pas, dans la pratique. La situation qui imposerait la nécessité de l'invoquer serait désespérée ; il y a d'autres solutions légales plus conformes à la dignité des deux sexes.

Et je crois bien pouvoir en dire autant des ménages ouvriers. Là aussi, ce n'est pas au nom de la loi que l'autorité maritale s'affirme ; elle se recommande d'autre chose.

Cependant, ce qui est vrai, c'est que, en matière d'intérêts, le mari peut commander arbitrairement et imposer brutalement sa volonté. Et il abuse souvent des prérogatives que lui confère la loi, — mais, par l'article 213. — C'est donc plutôt sur ce point que devraient porter les revendications féminines, car il y a là des inégalités, des injustices et des contradictions choquantes. J'en ai déjà parlé, en ce qui concerne la dot.

Pour ce qui est des biens personnels du mari, entre époux bien éduqués, et qui s'aiment, l'emploi en est décidé en commun, les prescriptions de l'article 214 mises à part, évidemment. Il ne peut y avoir à cet égard d'autre loi que celle de la conscience et du cœur ; c'est affaire d'éducation, et de choix, dans le mariage.

Eh bien ! pourrait-on dire, puisque les dispositions de l'article 213 sont pour la forme seulement, pourquoi ne pas les faire disparaître ?

Serait-ce nécessaire ?

Le mari n'a certainement pas besoin que l'article 213 lui impose l'obligation de protéger sa femme : il le fait par amour, ou par dignité, et se croirait déshonoré s'il s'affranchissait de ce devoir. Mais puisque la loi lui en fait une obligation, pour les cas très rares et tout à fait exceptionnels où il pourrait l'oublier, elle doit lui reconnaître le droit à l'obéissance, pour que la femme ne franchisse pas la limite au delà de laquelle elle ne pourrait plus être protégée, et pour qu'elle n'engage pas à la légère, par des écarts blâmables, la responsabilité de son mari. La loi impose ainsi sagement la nécessité d'agir de concert.

En somme, c'est un droit de principe qu'établit l'article 213.

Les susceptibilités de la femme sur ce point ne se comprennent pas plus que ses griefs contre l'appellation de « Mademoiselle » à l'adresse d'une femme qui a passé la quarantaine.

Je suis donc étonné de ce qui a été écrit à ce sujet dans *La Française* du 7 août 1910 : « ... Oh ! cette appellation de « Madame » ! Ce détail insignifiant en apparence, combien de mariages a-t-il déterminés !... A l'âge mûr, à l'âge où l'on connaît la vie, ne serait-ce qu'en théorie, être traitée de pair avec les gamines censées « ignorantes », c'est intolérable. Aussi la femme consent-elle au mariage avec le premier venu. A la rigueur, elle se contenterait d'un automate, pourvu que la loi l'acceptât ! » Et le numéro du 4 septembre 1910 contient des récriminations aussi puériles de plusieurs correspondantes du journal !

La femme se fait du tort en descendant à ces soucis mesquins. Voir si peu de chose dans le mariage est incompréhensible !

Et comment prétendre au respect des hommes, en se compromettant de cette façon !

Plus incompréhensibles encore sont les revendications féministes au sujet de l'article
214 : « La femme est obligée d'habiter avec le
mari et de le suivre partout où il juge à propos
de résider ; le mari est obligé de la recevoir et
de lui fournir tout ce qui est nécessaire pour
les besoins de la vie, selon ses facultés et son
état. » Quelques exaltées réclament pour la
femme le droit à un domicile personnel ; d'autres demandent que les travaux du ménage
soient payés à l'épouse par le mari. Tout cela
est insensé. Mieux vaut dire tout de suite que
l'on veut détruire le mariage. Mais le régime
qu'on y substituerait, par ces façons de faire,
ne serait ni le concubinage, ni l'union libre,
ne serait rien. Il faut avoir la haine de la
société, de l'humanité, et le culte de la bestialité en même temps que la mentalité du dégé-
néré, pour aller à pareilles conceptions.

L'indépendance absolue est la négation de
tout, la destruction de tout.

Ces idées, dangereuses pour les gens
bornés et incapables d'examen, servent heureusement à faire ressortir aux yeux des autres
la beauté du mariage conçu comme une association de deux âmes qui se sont devinées,

comprises et unies indissolublement pour les
bons comme pour les mauvais jours, et qui,
dévouées l'une à l'autre, se sacrifient l'une à
l'autre, avec spontanéité et générosité. Dans
cette association, les pouvoirs sont communs,
comme la destinée est commune ; et, si les
occupations sont spécialisées, il n'y a point de
séparation qui affaiblirait les efforts de chacun
et nuirait à l'œuvre commune : le mari ne se
désintéresse pas de l'éducation des enfants et
des soucis du ménage ; la femme prend intérêt
aux occupations du mari, à ses affaires et à ses
responsabilités, le conseille et le soutient.
L'autorité, étant partagée, ne pèse à aucun des
époux ; et, quand de petites difficultés sur-
gissent, elles sont bien vite aplanies par la soumission de celui qui se sent à ce moment la
plus grande affection pour l'autre, et montre
ainsi à l'autre sa supériorité. C'est le plus souvent la femme, dira-t-on : eh bien! tant mieux
pour elle ! Elle n'en souffre pas, puisque l'a-
mour commande. Par là, au contraire, elle lie
plus fortement le mari intelligent, ou bon ; et
elle finit par s'imposer à son cœur. « Pour les
femmes, la douceur est le meilleur moyen
d'avoir raison », a reconnu Mme de Maintenon,
avec infiniment de bon sens. Du reste, la douceur est l'attribut distinctif de la femme, sa su-

périorité, et même le critérium de l'éducation chez elle. C'est par cette merveilleuse qualité que, malgré sa faiblesse, malgré les lois, elle arrive à vaincre et à dominer l'homme. Elle excelle à concéder pour reprendre, avec usure.

Voilà ce que l'on voit dans les familles bien élevées, chez les époux bien assortis ; et les filles qui grandissent dans ces milieux sains ne se marient pas pour le titre de « Madame » ; elles se donnent des maris dignes d'elles, ou qu'elles savent façonner, et auxquels il ne leur coûte pas d'obéir, parce que dans le mariage la bonne éducation préserve des maîtres.

Et puis, la femme bien élevée, intelligente, et qui comprend les choses, se garde bien, dans son propre intérêt, d'annihiler l'autorité de son mari ; car elle sait qu'elle augmente alors ses propres charges et ses responsabilités, et que, dans certaines circonstances, elle a besoin d'une protection qui lui manquerait si le mari se déshabituait de son rôle, devenait timide, craintif, se féminisait. La vraie femme aime l'homme fort, courageux, intelligent, supérieur en quelque chose, par l'esprit ou par le corps; seul, cet homme-là lui assure la sécurité dont elle est naturellement avide. Nous avons, sur ce point, l'aveu d'une femme supérieure, Miss Evans, connue sous le glorieux pseudonyme de George Eliot : « Elles (les femmes) n'aiment pas à la passion l'homme dont elles font tout ce qu'elles veulent. »

Même lorsqu'elle domine son mari et le mène par le nez, la femme intelligente se garde de le lui faire sentir et de le faire voir aux étrangers : c'est l'aveu explicite de la nécessité de l'autorité maritale.

Ma conclusion est que les articles 213 et 214 ont été inscrits dans le Code civil pour imposer leurs devoirs à ceux qui seraient capables de s'en affranchir, car « la loi est la conscience de ceux qui n'en ont pas », a dit je ne sais plus qui. La loi n'est établie qu'en vue du mal, de l'exception ; et ceux qui s'en plaignent, révèlent ainsi qu'ils sont dans les tristes exceptions. Pour ces cas particuliers, il faut une solution légale, afin d'obvier à l'impossibilité d'une solution amiable. Cette nécessité est un mal, je le reconnais, puisqu'une supériorité est établie là où il faut l'égalité, puisqu'un maître est institué, chose toujours dangereuse dans une association comme le mariage ; mais, il me semble impossible de faire autrement.

Ce n'est pas tout. La dot elle-même est suspecte à certains esprits, qui y voient une cause d'inclination à l'indépendance excessive chez la femme, de mésintelligence dans les ménages ; et ils en demandent l'abolition.

Certainement, la dot nuit à la tranquillité et au bonheur des ménages, quand on se marie pour elle, sans amour, et que l'éducation pèche. Elle fait dans ce cas plus de mal que de bien à la famille, car les questions d'intérêt deviennent tout, absorbent, irritent.

Certainement, dans le monde où il y a des dots, il se rencontre des femmes qui s'arrogent une grande indépendance à l'égard de leurs maris, et ne croient pas leur devoir un grand dévouement, parce qu'elles ne leur sont pas redevables de tout, de même que dans le monde ouvrier la femme qui travaille, et apporte son salaire au ménage, respecte moins son mari et lui fait souvent sentir qu'elle ne lui est pas à charge ; mais cela ne prouve ni contre le travail de la femme, ni contre la dot : cela prouve tout simplement la nécessité de l'éducation, dans tous les milieux, son importance capitale.

La dot, du reste, contribue à faire respecter les femmes par les maris intéressés, et à imposer l'entente au nom de l'intérêt.

Au surplus, les femmes, par leur luxe, forcent malheureusement les hommes à songer à l'argent dans le mariage. Et les mères sont responsables des méfaits des coureurs de dots, parce qu'elles inculquent l'amour du luxe à leurs filles, dès la tendre enfance; de sorte que, si elles les marient facilement, elles ne les marient pas toujours bien. Or, la dot a au moins le grand avantage de permettre de choisir, d'éviter un sot mariage, parce qu'elle met à l'abri du besoin, et assure une existence honorable, indépendante, toujours plus agréable que celle qu'on peut avoir auprès d'un mauvais mari.

Un autre moyen, par lequel les féministes dits avancés veulent établir le bonheur de la femme, l'égalité et la fraternité des sexes, l'adoucissement des mœurs, etc., est... devinez !
La coéducation.
Pour eux, les bourgeois français « exercent leurs fils à être plus tard les tyrans de leurs femmes, en les faisant d'abord les tyrans de leurs sœurs » (1) ; et il faut des collèges mixtes où les filles seront protégées contre les rudesses des petits maîtres, où ceux-ci seront habitués à céder à leurs compagnes et à les aimer, où naîtra la « fraternité des sexes ». « La sépa-

____

(1) Déclaration de Mme Renaud, au Congrès féministe de 1900.

ration de l'enseignement, c'est l'image même d'une société où les deux sexes sont traités inégalement ; c'est l'humanité coupée en deux dès l'enfance ; c'est la guerre des sexes perpétuée, et c'est de plus le principe de l'autorité sauvegardé dans la famille contre la femme réputée inférieure (1)... » ; « il nous faut la coéducation, déclare Mme Kergomard, pour que les êtres soient moraux et sachent pourquoi » ; par la coéducation, déclare à son tour M. Paul Delon, « les garçons deviennent moins brusques, plus délicats, plus gracieux ; les jeunes filles plus franches d'allure et moins légères d'esprit, moins affectées de niaiseries, moins perdues dans les chiffons. »

Les partisans de la coéducation nous donnent comme exemples les collèges mixtes fondés aux Etats-Unis, et où les résultats sont excellents, à tous les points de vue, d'après eux.

Nous avons déjà indiqué les raisons pour lesquelles la coéducation, possible en Amérique, serait dangereuse en France, amènerait sans doute un plus grand relâchement des mœurs, et affaiblirait davantage la famille française.

____

(1) Déclaration de M. Léopold-Lacour au Congrès de 1900.

C'est donc très certainement le contraire de
ce que l'on attend de cette réforme, qui se pro-
duirait. Et la femme n'en serait ni plus heureuse dans la société, ni plus aimée dans le
mariage, ni plus maîtresse de ses biens et du
cœur de son mari.

C'est par d'autres moyens qu'il faut affranchir la femme et la soustraire à la brutalité, à
la puissance parfois excessive de l'homme,
sans chercher à détruire le principe d'autorité
dans la famille, sans voir dans nos mœurs
l'oppression systématique de la femme et la
guerre des sexes perpétuées à dessein, par un
raffinement de tyrannie.

Quant aux revendications féministes relatives à l'incapacité civile des femmes mariées
et à l'administration des biens dotaux, je
répète qu'elles sont pleinement fondées, et que
les femmes ont raison de se plaindre des lois
actuelles. Il faut l'égalité civile : c'est la
façon, à mon avis, de rendre plus étroite
l'union entre les époux, plus effective l'association qu'est le mariage, où tout doit être en
commun, et où la communauté ne doit pas
être plus profitable à l'un qu'à l'autre.

*
**

Il y a encore un point sur lequel les revendications féministes sont pressantes : je veux parler de la question de l'*Instruction.*

Les femmes voient dans l'instruction un instrument d'émancipation, et travaillent hardiment à la conquête des brevets et des diplômes, envahissant les écoles et les Facultés.

La Française du 7 août 1910 se réjouissait de « constater un nombre de plus en plus croissant de femmes admises en de bonnes places... aux examens en Sorbonne, à la Faculté de droit et de médecine », et proclamait avec *La Revue Universitaire,* que « le féminisme est incontestablement en progrès. » En effet, des statistiques établies en 1911 donnaient pour les seize Facultés françaises un total de 3,954 étudiantes (dont 2,121 à Paris). Les Françaises étaient dans ce total pour 2,181 dont 1,147 fréquentaient les Facultés des lettres, 618 les Facultés de médecine, 303 les Facultés des sciences, 62 les Facultés de droit et 51 les Ecoles de pharmacie (1). Ces constatations,

____

(1) Aux Etats-Unis, de 1900 à 1911, le nombre des étudiants dans les Universités n'a augmenté que de 80 %, tandis que le nombre des étudiantes s'est accru de 125 %.

rendues inquiétantes par la tendance crois-
sante des femmes à se présenter aux examens
des hommes, ont ému les professeurs des
lycées de garçons, ainsi que leurs représentants
au Conseil supérieur de l'Instruction Publique, et le projet fut conçu, en 1911, de confiner
les femmes dans les collèges et les lycées de
jeunes filles et dans les classes primaires des
collèges et des lycées de garçons.

Que nous sommes loin du temps où fut reçue
la première bachelière ! (1862, je crois.)

Au Congrès de 1900, le féminisme d'avant-
garde avait demandé l'instruction laïque, gratuite et obligatoire à tous les degrés, « l'éducation intégrale » comprenant les lettres et
les sciences, l'enseignement agricole et in-
dustriel, l'enseignement maternel et domestique, l'enseignement social destiné à initier
la femme à ses devoirs de citoyenne, l'étude
du droit.

Mme d'Adhémar voulait y ajouter « la dogmatique de l'amour », et la connaissance
théorique, — je pense qu'on n'irait pas plus
loin — de ce que la femme garde ordinaire-
ment au fond de son cœur, et dont elle ne parle
jamais, quand elle n'est pas une prostituée.

Ce serait un peu fort !

La demi-vierge que l'on créerait alors serait

une théoricienne qui tuerait l'amour et corromprait l'honnête homme. Pour avoir pareilles idées sur l'éducation de la jeune fille, il faut n'avoir pas connu, comme homme, l'extatique beauté et la suave poésie de la candeur virginale, et comme femme, l'enivrante douceur et les passionnantes surprises des premières amours bues avec des sens et un esprit immaculés ; il faut n'avoir goûté que les basses sensations des prostituées, ou n'ambitionner que la triste et décevante mentalité de l'âme blasée, flétrie par les cauchemars des sens, et préparée aux curiosités coupables, aux chutes. Ce ne serait plus la peine de se marier ; car la virginité de l'âme est tout, et celle du corps, un éphémère bonheur, un bien qu'on perd pour toujours.

Oh ! il y a des gens qui aiment le gibier faisandé, et les fruits bien mûrs ! Ce sont des corruptions de goût, des anomalies sensorielles. On peut donc aimer la vierge à demi corrompue. Mais, c'est une anomalie.

Laissons aux mères le soin de faire deviner à leurs filles, avec le tact qu'une mère seule peut avoir, les joies et les souffrances des unions humaines, les déceptions possibles du mariage, les lourdes responsabilités de la maternité. Voilà l'école naturelle. Quant à l'enseignement qu'on voudrait créer, il serait corrupteur.

Et que vaut cet incommensurable programme de « l'éducation intégrale », ou, mieux, instruction intégrale ?

Il est tout simplement fantastique. Il faut être un affreux profane en matière d'enseignement pour penser qu'il est applicable, même allégé de la « dogmatique de l'amour ». Tous ceux qui enseignent, savent par expérience combien l'on apprend peu de chose aux enfants de sept à quinze ans, et combien il est difficile, long, d'inculquer cette somme de connaissances correspondant au baccalauréat, et qui diminue considérablement aussitôt après, au point que les facultés du jeune homme semblent vides, et les années passées au lycée perdues. Pour tous ceux qui comprennent l'enseignement, le nombre des connaissances importe moins que les bonnes habitudes intellectuelles et le pouvoir de se perfectionner par soi-même à l'aide des principes reçus, des directions acquises. Or, que sont les programmes déjà trop chargés de nos lycées, et qui accablent l'intelligence des jeunes gens d'une foule de connaissances fatalement mal assimilées, souvent inassimilables, où l'esprit est impuissant à mettre de l'ordre pour se retrouver et se mouvoir librement, que sont ces programmes auprès de celui qu'a élaboré le « Congrès de la condition et des droits de la femme », en 1900, et qui reste l'idéal chimérique d'un certain féminisme ! On voudrait faire de l'intelligence de la jeune fille une encyclopédie renfermant les littératures, les sciences pures, les sciences agricoles et industrielles, l'économie domestique, le droit, la sociologie et la politique, l'histoire et la géographie, l'hygiène domestique, la puériculture, et que sais-je encore !

Tout cela ne pourrait être qu'effleuré. Et il n'est rien de plus dangereux que le savoir superficiel ; il ne vaut pas beaucoup mieux que l'ignorance : des deux côtés sont l'impuissance et l'erreur, l'illusion et la routine, l'orgueil.

Ce programme indigeste augmenterait chez la jeune fille le dégoût de l'étude, à cause de l'effort exigé ; et la haute culture qu'on veut lui donner, avec la compréhension des charmes de la science, lui apparaîtrait comme un rêve déprimant dont elle ne saurait vouloir la réalisation dans la flétrissure physique et la tristesse de l'âme.

La science, en effet, n'a pas pour tout le monde les vertus qu'on lui prête. Son altière et sévère beauté ne peut être comprise que par un petit nombre de privilégiés, et reste pour les autres énigmatique ou rebutante. C'est une absurdité que de convier tout le monde, les aveugles comme les voyants, les esprits inclinés vers la terre comme les intelligences élevées, à contempler ses mystérieux attraits. Puis, elle n'assure pas toujours le perfectionnement moral : elle corrompt souvent, au contraire, en poussant les médiocres à l'exaltation du moi, en faisant entrevoir des possibilités que l'individu est souvent impuissant à saisir et en abîmant alors l'âme dans le découragement qui mène à la révolte ou au mal, en desséchant le cœur dans l'effort stérile et décevant, en faisant espérer des satisfactions auxquelles on se repent presque toujours plus tard d'avoir sacrifié les plaisirs de la vie, plus humains et plus sûrs, plus faciles et plus naturels.

La science n'est donc pas le salut nécessaire.

Elle ne donne pas par elle-même le bonheur; elle y contribue tout simplement, en facilitant le travail ; et la fin pratique où elle doit tendre est l'appropriation de l'individu à son rôle social. Ce rôle social, il faut laisser l'individu libre de le choisir : il ne faut pas pousser aveuglément les masses vers la

haute instruction, et les détourner systématiquement des occupations qui leur conviennent, en les attirant par le mirage de la science
spéculative, en les amorçant par des connaissances qui conviennent à une élite seulement.
Les individus alors se déclassent et sont plus
nuisibles qu'utiles à la société, parce qu'ils
s'aigrissent dans la recherche du bonheur
qu'on leur a promis dans la science, quand
ce bonheur est surtout dans la résignation au
sort que les circonstances et les nécessités
insurmontables ont créé, dans l'amour tem-
péré par le travail.

Assez d'illusions jetées dans l'âme du
peuple ! Epargnons-lui les souffrances de l'ambition déçue, des espoirs trompés. Cessons de
pousser en avant, toujours en avant, les trou-
peaux humains, sans leur laisser jamais le
temps de goûter dans la plaine brumeuse de
la vie la douceur du repos physique et moral.

Laissons aller de l'avant, d'eux-mêmes,
ceux qui se sentent quelque chose dans la poitrine et dans la tête.

Mais, hélas ! les démocraties, fatalement
travaillées par les haines et l'envie, souffrent
de toute supériorité, et ne se sentent heureuses
que lorsqu'elles ont étouffé l'élite sous la commune médiocrité; lorsqu'elles ont rapetissé

l'humanité en lui imposant le niveau de la foule.

On ne craint pas de lancer les masses féminines vers la haute instruction, luxueuse, sans se demander si l'on ne fera pas leur malheur, en les acculant à des obstacles où elles s'écraseront dans l'horrible hallucination des privilèges promis et des espoirs fuyants, de l'humble bonheur dédaigné parce qu'il semblait vulgaire.

Que de femmes, cependant, trop instruites pour apprendre un métier, ou pour se marier modestement quand elles se sont mises au-dessus de leur origine, découragées, déclassées, victimes de leur savoir et de leur supériorité inutile, sont vouées à une vie de regrets et de souffrances !

Les victorieuses, petite minorité, peuvent se regarder comme heureuses ; elles ont réalisé leur rêve en devenant des femmes fortes, émancipées, ne comptant que sur elles-mêmes; mais les fronts se sont ridés et les joues ont pâli sous l'austère effort ; leur sensibilité a perdu cette spontanéité qui charme ; la maturité prématurée du caractère a fait fuir la gaieté qui enchante l'existence et attire ; leur nature s'est masculinisée ; et, tandis que l'homme ne voit plus en elles ce qui caractérise la femme telle qu'il l'aime, elles, dans l'orgueil du savoir et de la supériorité péniblement acquise, se laissent aller au dédain de l'amour et du mariage, des obscures charges du foyer et de la maternité, pour le célibat studieux et la pédanterie.

Et que sont les froids et rares plaisirs de l'étude auprès du seul bonheur positif de ce monde, celui de vivre à deux, enlacés dans la joie et dans la souffrance, inséparables de corps et d'esprit ? Il n'y a au-dessus de cela que le génie, ou la supériorité féconde en œuvres durables, en bienfaits pour l'humanité. Mais ceci est la très petite exception, tandis que cela est la loi commune ; le génie et la supériorité ne dépendent pas de nous, tandis qu'il est en notre pouvoir de nous unir à qui peut nous comprendre et nous aimer, d'élever nos enfants dans les vertus qui assurent le bonheur de la famille.

Il y a plus de vérité humaine et de valeur sociale, plus de joies réelles, dans la vie des honnêtes gens qui aiment et travaillent, que dans celle des célébrités faites de réclame et d'imposture.

L'instruction, qui produit le déclassement dans la profession et dans le mariage, qui brise les existences et éloigne du bonheur, est un mal social. Et ce mal n'a fait que croître depuis l'époque où M^ll^ Maugeret reconnut son impuissance à sauver par un métier approprié les nombreuses victimes des brevets (1). « L'éducation intégrale », gratuite, obligatoire, serait un vrai fléau social, parce qu'elle porterait au maximum le nombre des mécontentes et des déclassées; et elle serait en opposition avec la nécessité actuelle de la division du travail et de la spécialisation.

Je ne suis pas cependant un ennemi de l'instruction des femmes. Oh ! certainement non. Je demande tout simplement une instruction appropriée aux besoins des personnes et de la société, à la fois.

Je m'explique.

Quoi qu'on fasse, on n'établira jamais l'égalité entre les éléments sociaux : il y aura toujours, parmi les hommes, comme chez tous les êtres, du reste, des bons, des médiocres et des inférieurs, et, par suite, dans les sociétés, des classes dirigeantes, des classes moyennes, des basses classes. Je crois donc nécessaire de

---

(1) Rapport sur la liberté du travail, au Congrès catholique de 1900. — M^ll^ Maugeret y avoue l'insuccès de sa tentative d'amener aux faciles et rémunérateurs travaux d'imprimerie les « demoiselles » brevetées, à qui il déplaisait de se « noircir un peu le bout des doigts. »

respecter cet ordre naturel, et de ne pas chercher inutilement à donner à tous les individus
la même mentalité, de ne pas inciter les éléments inférieurs à s'élever, pour se déclasser.
Je demande pour les enfants du peuple, en sus
de l'instruction primaire débarrassée de toutes
ses inutilités et de toute tendance politique et
religieuse ou irréligieuse, un, enseignement
professionnel distribué aussi largement que
possible, et gratuit, donnant au plus grand
nombre, selon les goûts individuels et les
aptitudes des sexes, les connaissances nécessaires à la pratique méthodique de l'agriculture, de l'industrie et du commerce. Et,
comme ces établissements d'instruction pro-
fessionnelle ne peuvent exister que dans les
centres importants, des bourses accordées aux
jeunes campagnards pauvres mais intelligents
et laborieux, suivant un mode de recrutement
loyal et juste, assureraient à ceux qui en seraient dignes une instruction qui les laisserait
à leur milieu, à leur éducation, aux traditions
familiales. Ceux-là instruiraient d'autres, « au
pays ».

Aux très bien doués, qui *veulent* aller plus
loin, et en sont capables, mais n'en ont pas
les moyens, des bourses pour l'enseignement
secondaire doivent être accordées au concours,

en dehors de toute coterie, et en vue du seul
bien de la société.

Voilà, je le crois, ce qu'il faut au peuple. Il
faut enrayer sans délai l'épidémie des brevets
primaires qui sévit furieusement sur les basses
classes et multiplie les inutilités sociales, les
transfuges des professions manuelles, les candidats aux fonctions publiques. Cessons de
créer artificiellement dans ces milieux la
luxueuse espèce des « demoiselles brevetées »,
incapables d'avoir l'existence qu'elles rêvent,
et incapables de faire de bonnes épouses pour
les hommes de leur monde, qui ont besoin,
non de savantes, vraies ou fausses, mais de
femmes qui sachent travailler et aimer, et qui
n'aient pas perdu les bonnes traditions.

Dans les régions sociales moyennes par la
fortune et l'éducation, il y a également à
craindre les déclassements produits par la trop
grande accessibilité de la haute instruction.
Sous prétexte de liberté et de démocratisation,
on ouvre aux petits bourgeois bêtes et paresseux
les classes supérieures de l'enseignement secondaire ; contrairement aux règlements for-
mels, les petits cancres montent de classe en
classe, sur la demande des parents, malgré les
échecs aux examens de passage et leur insuffisance notoire, arrivent ainsi à la porte du

baccalauréat, et finissent par la forcer après un siège plus ou moins long, avec le renfort si facile des relations et des protections ; puis, enhardis, croyant à leur valeur, autant que leurs parents aveuglés, ils osent aborder les études encore plus ouvertes et les examens trop faciles des écoles de médecine et de droit, et arrivent à des diplômes qui ne sont pas toujours la preuve d'une certaine valeur personnelle et d'aptitudes à exercer les privilèges conférés. Voilà la cause principale de cette multitude de médecins incapables, condamnés à faire de la politique pour obtenir de l'Administration des abonnements ou des emplois qui leur permettent de vivre, et de cette nuée de licenciés en droit à cerveau vide, candidats à toutes sortes de fonctions. Les uns et les autres auraient mieux fait de s'adonner au commerce ou à l'agriculture ou à l'industrie, seraient plus heureux et plus utiles à la collectivité. Pour avoir voulu s'élever, ils ont fait leur malheur. Ce sont les victimes du sot orgueil des parents, de la faiblesse de l'Université et de son état d'âme actuel. Les chefs d'établissements sont cotés d'après le nombre des élèves ; et les professeurs, d'après le nombre des candidats qu'ils font recevoir au « bachot ». On ne considère ni la valeur de la discipline, ni la valeur des intelligences formées, ni le niveau des examens : partout, c'est le nombre qui importe ! Et l'on voit partout la qualité reculer devant la quantité. Dans les rapports des jurys des différentes agrégations des lycées, dans les doléances des examinateurs au baccalauréat, partout, c'est le même cri d'alarme : « Le niveau baisse ! On ne sait même plus le français ! »

Et le Ministre de l'Instruction publique, sans consulter le Conseil supérieur, a institué en 1910 pour l'accès aux licences ès lettres, ès sciences et en droit, une série d'équivalences avec le baccalauréat (1), ce qui augmentera encore le nombre des déclassés, des licenciés en droit en quête de situations.

Voilà comment les pouvoirs publics, par leur faiblesse et leur imprévoyance, relâchent les différents rouages du mécanisme social, et laissent se perdre des énergies. Les victimes de cet état de choses ne se comptent plus. Dès lors, au lieu de songer à supprimer le baccalauréat, il faudrait, à mon avis, en faire un mode de

---

(1) Voir le *Journal Officiel* du 30 avril 1910. — Plusieurs membres du Conseil protestèrent. Le Conseil d'Etat annula les deux décrets, pour vice de forme. Mais les équivalences furent maintenues, en juillet 1912. après avis du Conseil supérieur de l'Instruction Publique.

sélection et de classement des éléments sociaux, et rejeter impitoyablement, à la fin du premier cycle des études secondaires, vers le commerce, l'agriculture et l'industrie, les petits bourgeois à tête dure.

De même, pour les demoiselles de la bourgeoisie.

Mais, à celles qui sont bien douées, je demande que l'on accorde toutes les facilités d'accès au baccalauréat classique et à toutes les carrières qu'il ouvre, par une préparation spéciale dans les lycées de jeunes filles.

Pour cette élite féminine, je réclame une culture qui n'orne pas seulement la mémoire, mais qui rectifie aussi l'intelligence et lui donne de la puissance, ce qui peut être réalisé par l'étude de la Logique, et par la substitution d'une intelligente composition de philosophie à la vieillotte et insipide composition littéraire.

Je ne crains pas de dire toute ma pensée sur ce point : on accorde trop de place, dans les examens des jeunes filles, à la littérature qui, loin de former le jugement, le rend superficiel et faux, et ne contribue même pas à former le style, pour la raison qu'on étudie les auteurs classiques dans les manuels, et que tout se ramène à des exercices de mémoire. Bien plus, cela développe chez la plupart des jeunes filles le goût des lectures futiles et inutiles, des romans, où leur sensibilité s'exalte au détriment de l'intelligence et du raisonnement, et où elles puisent des conceptions fabuleuses des choses et de la vie.

Les romans absorbent trop la Française ; et assurément ce n'est pas là qu'elle peut puiser la préparation à son rôle social.

Certes, elle ne doit pas seulement savoir qu'il faut à ses enfants, suivant leur âge, une ration d'accroissement comprenant tant de grammes d'azote et tant de grammes de carbone contenus dans tant de grammes de viande ou de pain ; mais il y a bien d'autres choses autrement utiles à la femme que la littérature, pour qu'elle s'acquitte comme il faut de sa fonction de génératrice d'humanité. C'est elle, en effet, principalement, qui élève les enfants, éduque leur volonté, forme leurs sentiments, façonne leur nature ; et, pour cela, il lui faut une science psychologique assez vaste et assez précise, en même temps qu'un jugement droit. C'est elle qui fait la société ; et, pour cela, elle ne doit ignorer ni les grands problèmes de l'heure présente, ni les nécessités sociales actuelles. Elle doit être la médiatrice dans les conflits violents qui nous affaiblissent, la consolatrice dans les souffrances et les misères accumulées par les esprits ambitieux ou aigris ; pour cela, elle doit être versée dans les études sociales, et n'être ni une gentille poupée luxueusement parée, ni un esprit superficiel et léger n'aimant que la danse, la musique, les romans et les fêtes.

Ce n'est pas, cependant, que je veuille interdire aux femmes la culture artistique. Non ; l'éducation féminine n'est complète que lorsqu'elle est couronnée par des arts d'agrément ; et je ne sais rien au monde de plus séduisant, de plus suave, qu'une femme jolie et bien faite, intelligente et musicienne. Voilà la plus belle représentation de l'humanité. La femme musicienne est la gaieté d'un intérieur, la muse d'un mari artiste, l'inspiration d'un penseur. Je ne mets au-dessus de cela que la beauté morale, sans laquelle il est à peu près impossible d'avoir le bonheur conjugal.

Mais l'art est malheureusement un luxe, réservé aux privilégiés de la fortune et de l'intelligence ; pour les autres, il est une impossibilité ou une cause de souffrances inutiles et de déclassement. Il ne convient donc qu'aux femmes qui peuvent avoir des loisirs et faire les frais de ce luxe. Voilà son infériorité.

En résumé, je suis partisan de l'instruction des femmes selon les besoins des classes.

Mais *je suis absolument hostile à toute séparation qui mettrait obstacle à la libre évolution des individus.* Je demande tout simplement qu'on ne force point les natures, et qu'on laisse les personnes les mieux douées se séparer d'elles-mêmes de la masse.

Chez les êtres bien organisés, une instruction élevée constitue certainement une source d'énergie utile à la collectivité.

Aussi bien, le développement des facultés de la femme peut contribuer merveilleusement au progrès de la race et de la civilisation, à la prédominance de l'Intelligence dans le monde civilisé.

Oh ! d'ailleurs, la femme assure la grandeur de la société moins par son savoir que par sa valeur intellectuelle intrinsèque, par ses ressources nerveuses, par ses réserves de vie et de force morale ; elle l'assure, parce que c'est elle principalement qui transmet avec la vie les qualités de l'esprit et du cœur, l'élévation morale, dont la part est si grande dans la supériorité intellectuelle. C'est pour cela que la femme est estimable, admirable. C'est pour cette œuvre, imposée par la Nature, que nous lui devons de la reconnaissance ; et, si elle s'y soustrait pour s'enfermer dans l'étude, veuve d'humanité, elle trahit sa mission, elle trahit la société pour d'éphémères satisfactions d'amour-propre.

C'est alors le triomphe de l'égoïsme sur l'humanité.

Cependant, je le répète, la femme doit s'instruire afin d'assurer pour sa part l'évolution de la masse cérébrale humaine, le progrès de l'espèce et de la socialité.

Mais elle doit rester femme par le rôle et par le caractère.

Son rôle est supérieur à celui de l'homme. Mettons à part le génie et le très grand talent. Ce rôle doit donc la contenter, lui suffire.

Son caractère est le charme, la poésie du foyer. Si sa nature s'assombrit dans le silence et dans l'épuisant effort de l'étude, si sa pensée s'attriste en voulant aller trop loin dans la science, si, pendant que son front se ride, sa grâce prime-sautière s'envole et fait place à de la froideur calculée et à des attitudes pédantesques, si elle s'instruit pour faire parade de son savoir et perd sa délicieuse simplicité, maudite soit l'instruction qui la rapproche de nous, et la rend prosaïque comme nous ! Maudite soit la science qui nous rend l'existence affreusement uniforme et monotone !

J'aime mieux la jolie femme ignorante... mais intelligente et rieuse.

Au reste, le genre d'instruction que je demande pour la femme peut certainement la rendre plus réfléchie, moins soucieuse de futilités, de chiffons et de modes, sans modifier profondément sa nature. L'esprit de socialité, si je puis m'exprimer ainsi, remplacerait chez elle l'esprit individualiste et mondain ; et voilà tout.

III

Avenir du Féminisme
Rôle de la Femme dans la Société moderne.

De tout ce qui peut être dit sur la femme, il y a quelque chose qui est évident en soi et défie toute contradiction, c'est qu'elle est génératrice d'humanité. Voilà sa grande fonction sociale.

On peut oser affirmer son infériorité intellectuelle ou morale ; on peut lui refuser toute action sur l'homme et toute influence sur la société ; on peut même aller jusqu'à. nier la supériorité de sa beauté physique et ne la placer que dans l'art de s'attifer et de perfectionner artificieusement ses formes : mais, ce que l'homme n'ose pas méconnaître, c'est l'imposante majesté de sa fonction de mère, son incomparable dévouement à l'enfance, son admirable instinct de maternité.

Tous les observateurs ont remarqué chez

elle cet instinct. Voyez la petite fille : elle aime passionnément les poupées ; elle les pare, les dorlote, les berce, comme font les mères avec leurs enfants ; elle va quelquefois jusqu'au geste de l'allaitement. Quand elle est plus grande, elle laisse déborder sur les plus petites, sœurs ou amies, en des tendresses touchantes et des soins dévoués, ce fonds d'affection maternelle reçu de la nature et augmenté par la sensibilité, par l'exemple. Mais, à mesure qu'elle avance en âge, elle subit les contraintes de la bienséance, des coutumes et des conventions sociales ; elle prend de jolies attitudes et se pose en chaste poétesse d'amour et de beauté, refoulant dans son cœur, qui vibre au moindre effleurement et à la moindre espérance, les élans et les enthousiasmes d'une sensibilité mystérieusement avide de création et d'immortalité.

Aujourd'hui, victime résignée des mœurs qu'elle a créées et de la discipline morale qu'elle s'est imposée, elle excelle à dominer les troublants instincts de reproduction, si douloureux à l'homme ; elle a ramené au plus bas degré la voix de la nature. Pourtant, si chez elle les vibrations des nerfs sont moins enivrantes, malgré une sensibilité plus grande, si les appels des sens sont plus doux,

plus harmonieux, il n'est pas moins vrai que
la nature conserve ses droits imprescriptibles ;
et des souffrances, que l'honneur et la dignité
défendent de dire, doivent souvent troubler la
paix intérieure. Voilà pourquoi il faut admirer
et plaindre à la fois la femme qui garde sa
vertu au milieu de la dépravation des hommes
et des sollicitations continuelles. Pour ma
part, je ne sais, dans l'ordre des faits sociaux,
rien de plus beau, de plus admirable, que
l'honneur féminin.

Malheureusement les hommes, profondément égoïstes en tout, ne veulent point comprendre cela, aveuglés qu'ils sont par l'intérêt,
et placent leur bonheur dans l'exploitation
éhontée de la faiblesse de la femme, de sa confiance et de sa générosité en amour. Ils veulent
l'union des corps, sans celle de l'âme, sans les
responsabilités, sans le sacrifice ; à la noble
épouse passionnément dévouée, aux douces et
durables voluptés de la vie à deux, ils préfèrent
la décevante courtisane, les insuffisants et
fugitifs plaisirs de la débauche.

C'est une ignominie !

L'homme s'honore en faisant à la femme la
part qui lui revient dans les joies de la vie, en
méritant son estime et son affection par le sacrifice de son égoïsme, sacrifice largement

payé du bien le plus précieux du monde, un cœur dévoué jusqu'à la mort.

L'homme doit s'associer à la femme avec loyauté et générosité pour l'œuvre nécessaire de la perpétuation de l'espèce. Cette sorte d'immortalité, accessible à tous, constitue certainement la grande joie de la paternité. Aussi bien, c'est la fin suprême de l'être. Durer, persévérer dans son être, voilà la loi du monde organisé ; et pourquoi l'homme s'évertue-t-il à arracher la femme à la plus douce des lois auxquelles nous sommes soumis, en fuyant les incomparables amours du mariage ?

J'entends la réponse : « Que la femme en fasse autant, et suive la nature. »

Ah ! c'est bien ce que veulent les viveurs, les égoïstes, les révolutionnaires ! Ils s'accordent à merveille sur ce point ! A eux le plaisir ; aux femmes les souffrances de l'enfantement, de l'entretien et de l'éducation des enfants, la perpétuelle inquiétude d'un sort précaire et subordonné au moindre caprice du maître !

Eh bien ! non : ce serait souverainement inique ! Mieux vaut certainement l'austère célibat, attristé par la noble consomption de la courageuse créature se refusant fièrement à servir d'instrument, et ne voulant l'union que dans l'égalité des charges et la sécurité du lendemain ! Voilà ce que le triomphe du droit sur la force a établi, et que la civilisation a consacré. Le retour aux premiers âges de l'humanité serait un non-sens, la condamnation de la Raison.

C'est dans le mariage, tel qu'il a été organisé par notre civilisation, que se trouvent la sécurité et le bonheur de la femme ; c'est dans le mariage qu'elle doit accomplir sa destinée, par le mariage qu'elle doit remplir sa fonction sociale.

C'est donc le mariage qu'il faut favoriser. C'est la seule condition qui convienne à l'honneur de la femme moderne, et à sa dignité, si respectables !

L'état social le meilleur serait celui où toutes les femmes se marieraient. Mais, comme pour des raisons, qu'il est inutile d'indiquer ici, c'est un idéal irréalisable, on doit au moins travailler à assurer au plus grand nombre le moyen de remplir leur destinée, en poussant les hommes au mariage par certaines mesures légales conciliables avec la liberté individuelle, et par un système d'éducation approprié à cette nécessité sociale. Le problème de l'amélioration du sort de la femme serait ainsi en partie résolu ; car tout pour la femme gravite autour du mariage, la grande pensée de son âme aimante et tendre, la source de tout bonheur pour elle ; et la crise actuelle du féminisme deviendrait moins aiguë, puisque le féminisme est né des souffrances du sexe, ainsi que des entraves injustement apportées par l'homme au développement de la nature physique et de la nature morale de la femme.

Il y a trop de jeunes filles qui voient dans la consomption s'envoler leurs beaux jours et leurs charmes, leurs rêves de bonheur, comme les roses s'effeuillent sur leurs tiges solitaires !

Et comment favoriser le mariage ?

Oh ! il n'est pas malaisé d'en trouver les moyens. Mais, vouloir les appliquer, et les appliquer avec esprit de suite, voilà ce qui est difficile, pour nous, Français, qui sommes absorbés par cette affreuse politique de parti où nous perdons le temps et la lucidité d'esprit nécessaires aux œuvres nationales.

Par exemple, dans le projet de loi déposé sur le bureau du Sénat, le 22 juin 1910, par M. Lannelongue et un certain nombre de ses collègues (1), il y a d'excellentes mesures, qui seraient sûrement efficaces, comme les « obli-

----

(1) Le 11 novembre 1910, une Commission de dix-huit membres fut nommée par le Sénat pour l'examen de cette proposition de loi.

gations militaires *supplémentaires* dans la réserve de l'armée active et dans l'armée territoriale » pour « les célibataires ayant atteint l'âge de 29 ans », et les avantages de carrière et de retraite « proportionnels au nombre d'enfants, à partir de trois ». Cependant, l'obligation d'être marié à 25 ans pour « *rester* » fonctionnaire de l'Etat, ou des départements, ou des communes, me semble excessive, et devrait être reculée à 30 ans, parce qu'il est à peu près impossible, de nos jours, à un très grand nombre de jeunes gens, de se faire avant vingt-cinq ans une situation qui leur permette de se marier, surtout lorsqu'ils sont au service des communes, ou même de l'Etat. L'obligation d'être marié à vingt-cinq ans pour « *devenir* » fonctionnaire de l'Etat, ou des communes, ou des départements, se conçoit encore moins, puisqu'il faut une situation pour se marier, et que, si l'on en demande une à l'Etat ou à une commune, c'est que l'on n'en a pas, ou que l'on en a une insuffisante. La *majoration pour l'avancement au choix*, au même degré de la hiérarchie, et à mérite égal, la « majoration de la pension de retraite, égale à une somme de 100 francs pour chaque enfant vivant, à partir de trois », seraient des avantages importants pour les petits et les moyens fonctionnaires qui, dans l'état actuel des choses, ne sont nullement encouragés à avoir de nombreux enfants, et sont au contraire victimes de leur dévouement à la Patrie, quand ils ne sont pas en butte aux tracasseries, aux iniquités et aux abus de pouvoir des chefs, généralement enclins à les regarder comme des parias incapables d'indépendance et de résistance, à cause de leurs charges de famille.

Et l'on voit des célibataires endurcis parmi les hauts fonctionnaires représentant l'Etat à l'intérieur, ou à l'extérieur, alors qu'à l'extérieur surtout le célibataire, forcément sans grandes relations, ne peut pas représenter comme il faut son pays !

Quant au « supplément de solde de 200 francs par chacun des enfants vivants à partir de trois », et jusqu'à l'époque où « les enfants pour lesquels il est accordé auront atteint l'âge de quinze ans révolus », il favoriserait surtout les parents qui se contentent de l'instruction primaire pour leurs enfants, et constituerait une aide insuffisante pour ceux qui veulent l'instruction secondaire. Il faudrait donc dans ce cas prolonger de deux années ce supplément de solde. Il faudrait en outre accorder la gratuité de l'instruction à tous les degrés, à partir du sixième enfant inclusivement, afin de permettre aux familles nombreuses de ne pas s'affaiblir, pour cette raison, du moins.

Enfin, ce que je trouve supérieur à tout cela, peut-être, c'est la disposition de l'article 3 du projet : « Toute personne a la libre et entière disposition de ses biens. » Voilà une réforme que j'ai déjà demandée (1), qui s'impose, à mon avis, et qui est de nature à améliorer notre état social non seulement au point de vue de la natalité et au point de vue économique, mais encore au point de vue de l'expansion dans le monde et de la puissance extérieure, sans parler du relèvement de la moralité qui résulterait certainement du relèvement de l'autorité des parents et de la fin de l'ère amorale des « fils uniques ». Le mariage cesserait alors d'être une spéculation, une affaire, souvent malheureuse, et redeviendrait une union basée sur l'amour, qui est une garantie plus sûre de bonheur quand il est allié à des qualités morales sérieuses. Il y aurait plus de femmes mieux mariées, et moins de féministes aigries.

D'autre part, à tous les contribuables qui

____

(1) Voir par ex. « *Les Problèmes de la Colonisation* », p. 213.

ont plus de trois enfants, et des ressources modestes, l'Etat devrait accorder des dégrèvements proportionnels au nombre des enfants, se récupérant sur les grosses fortunes et les célibataires, au nom de la solidarité sociale et de l'intérêt de la collectivité.

Un autre moyen d'encourager le mariage, et en même temps de protéger la femme contre elle-même et contre les hommes, est de combattre la prostitution par des mesures plus rigoureuses contre les femmes de mauvaise vie. Si les jeunes gens se marient de moins en moins, c'est en grande partie parce qu'il leur est de plus en plus facile de mettre dans leur existence le charme et les séductions de la femme, à peu de frais, sans responsabilités, et qu'ils se grisent de ce plaisir, et se blasent ensuite, au point qu'ils ne comprennent plus la sublime beauté de la vertu des femmes et l'incomparable bonheur du mariage. Quand la femme sera protégée contre l'égoïsme et la lubricité de l'homme, quand elle pourra lui demander en justice de légitimes réparations, quand, d'autre part, les femmes de mauvaises mœurs n'auront plus la liberté d'étaler leur vice et de corrompre l'âme des jeunes gens dans des asiles officiels de prostitution, l'homme, qui est fait pour la femme et en est avide, suivra ses fins naturelles et cherchera le bonheur dans le plus doux des liens.

Puis, les maris auront moins de tentations ; et il y aura plus de femmes heureuses.

Il est à remarquer que moins les hommes se marient, plus la prostitution s'étend. Les célibataires, constamment torturés par la nature, travaillent partout à séduire la femme, à la plier à leurs appétits et à lui faire accepter la déchéance ; et les jeunes filles cèdent souvent aux tentations par curiosité et irréflexion, ou par découragement, ou par manque de ressources et par confiance dans les promesses des séducteurs.

Ainsi, l'amélioration du sort de la femme entraînerait cet autre avantage : le relèvement de la moralité publique. Une connexité étroite existe entre les deux ordres de choses.

Il y a un autre moyen de favoriser le mariage, c'est de lutter contre le luxe, qui se développe de plus en plus, dans la société moderne, crée des besoins, complique l'existence, et la rend plus difficile, en définitive. Les enfants y sont accoutumés depuis leur tendre enfance: leurs layettes sont riches, et leurs premiers vêtements sont d'étoffes de prix ; plus tard, quand ils commencent à grandir, les petits garçons sont habillés comme des

petits princes et les petites filles sont étincelantes. « Il faut gâter les enfants », disent
les parents ; et ils les gâtent, au sens précis du
mot ; ils ne les privent de rien ; ce sont eux
qui se privent pour leur donner tout ce qu'ils
désirent, et qui se sacrifient, quand ils ne sont
pas riches, pour que les « petits » « soient
comme les autres » et n'aient pas à souffrir
dans leur amour-propre, qui se fausse déjà.
Alors, les enfants s'habituent à passer avant
les parents, comme ils s'habituent au bien-
être, au luxe ; ils deviennent fatalement
égoïstes et jouisseurs ; ils haïssent la privation ;
la vie leur apparaît comme.devant n'être faite
que de satisfactions et de plaisirs.

Voilà l'état d'âme qu'on donne à la jeunesse, de nos jours. Dans ces conditions, il est
tout naturel qu'à l'âge où l'on songe au mariage, la jeune fille aspire à une union qui lui
procurera une existence encore plus douce,
et le jeune homme à une dot qui lui assurera
la vie large.

Où est l'esprit de sacrifice que comporte le
mariage, comme toute grande œuvre humaine ? Il n'y a, de part et d'autre, qu'un mot
gonflé d'égoïsme et d'appétitions de bonheur
personnel.

Et le jeune homme, par habitude acquise

aussi bien que par désir d'arriver à la dot de ses rêves, s'habille bien, voire luxueusement, vise à l'élégance, suit consciencieusement la mode, se pavane et parade, se prodigue dans les théâtres, les salons et les lieux de plaisir, dépensant souvent plus qu'il n'a ; et la jeune fille, pour se faire remarquer et accrocher le cœur convoité, dépense sans compter pour sa toilette.

Mais, tandis que dans tous les milieux les jeunes filles étalent un luxe inquiétant, les coureurs de dots se disent qu'il est dangereux de se donner des femmes habituées à un grand train de vie, et capables d'engloutir à elles seules leur fortune personnelle ; et les autres, ceux qui sont enclins à ne compter que sur eux pour les charges d'une famille, craignent de ne pas pouvoir y suffire, de faire souffrir leurs femmes, et de ne pas trouver en définitive le bonheur dans le mariage.

Et les enfants gâtés ne se marient pas, afin de vivre pour eux seuls ; ou, s'ils se marient, ils font de mauvais époux.

Pendant ce temps, le luxe va grandissant toujours, pour les mêmes raisons : les fêtes se multiplient, et se font de jour en jour plus belles ; les modes deviennent de plus en plus fréquentes et capricieuses, s'attaquant à tout,

changeant constamment tout, les vêtements et
les chapeaux, les meubles et les bijoux, le
linge, la façon de vivre et de recevoir, et que
sais-je encore ! Et les mariages sont devenus
des occasions de dépenses insensées ; et les
naissances, des événements dispendieux; et les
grands magasins, des causes permanentes d'irrésistible tentation. Et les lieux de plaisir se
multiplient dans les grandes villes, se dispu-
tent par des attractions d'une variété et d'une
ingéniosité merveilleuses un public de plus en
plus charmé, conquis, nombreux.

Et les plaisirs sont entrés dans les nécessités
de l'existence, au point qu'il est pénible aujourd'hui de s'en priver.

Et la frivolité gagne de plus en plus l'esprit
de l'homme devenu incapable de résister à la
frivolité de la femme.

Jouir, jouir pleinement de la vie, se priver le
moins possible, voilà l'idéal moderne. Le « il
faut que jeunesse se passe » est devenu la règle
de toute l'existence.

Les mariages seront de plus en plus rares,
de plus en plus stériles, si l'on ne réagit pas
contre les mœurs actuelles.

Il faut réagir, sans délai.

Les autres effets du luxe ne sont pas moins
déplorables. La grande dame, qui, sans pitié

pour les malheureuses, étale les somptueux
vêtements et les riches bijoux dont se rehausse
sa beauté, ou son élégance, ne pense souvent
qu'à se faire remarquer et admirer, quelquefois à éclipser des rivales ; mais songe-t-elle
aux douloureux mouvements d'envie provoqués chez toutes celles qui sont également désireuses de plaire et d'être remarquées, parce
qu'elles sont femmes et sensibles à tout cela,
comme aux regards admiratifs des messieurs ? Et ces infortunées se disent que, tout
aussi élégantes, aussi jolies, elles passent ina-
perçues parce qu'elles sont modestement mises ; et l'envie entre dans leur cœur, entraînant le sentiment d'une injuste infériorité,
d'une inégalité choquante. Et cette souffrance
constitue un danger moral, un mal social, soit
qu'elle reste enfouie au fond du cœur qu'elle
travaille et prépare à la révolte morale, soit
qu'elle se communique à l'entourage et s'é-
tende en menaçant encore plus la tranquillité
sociale. Et l'homme a lui aussi le cœur miné
par les récriminations et les plaintes de sa
femme ou de sa fille, par l'idée d'une existence vouée injustement à l'effort et à la peine,
quand d'autres n'ont qu'à jouir de la fortune
due au hasard de la naissance.

Et les besogneux voient partout autour

d'eux le luxe s'affichant effrontément, dans des carrosses et des attelages splendides, quand il y a tant d'individus qui meurent de faim ; dans des demeures à l'aspect féerique, quand d'autres habitent des taudis étroits et puants ; dans des fêtes magnifiques, quand d'autres luttent désespérément contre les difficultés inextricables de l'existence.

Le luxe impudent est un ferment de haines sociales, dans une démocratie, fatalement travaillée par l'esprit d'égalité, parce que le citoyen sent grandir en lui le sentiment de la dignité personnelle en exerçant la puissance publique. Dans cette organisation politique, le respect et même la notion des hiérarchies sociales tendent à disparaître, et les classes à se rapprocher par l'*habitus*. Mais cela fait que le luxe reçoit une plus grande extension ; et le renchérissement de la vie, qui en résulte, pèse lourdement sur les petits et prépare les revendications violentes, car les aspirations non satisfaites accumulent chez les individus des rancœurs et des jalousies pernicieuses à la paix sociale.

Ainsi, l'amour du luxe chez les basses classes est précurseur de graves complications économiques et politiques.

La simplicité des mœurs est ce qu'il y a de

mieux, pour les individus comme pour les sociétés. Les problèmes de la vie s'en trouvent simplifiés ; et l'on est plus heureux, quand on a moins de besoins.

Le retour à cet état de choses est nécessaire. Et seule, la femme peut le réaliser en renonçant à briller par ses robes, ses chapeaux et ses bijoux, par ses valets, ses voitures et ses chevaux ; en renonçant à éclipser les rivales par le vain étalage des biens extérieurs, qui ne nous donnent ni plus de valeur, ni plus d'intelligence ; en se refusant à suivre tous les changements et tous les caprices de la mode ; en dépouillant toute sotte vanité et tout orgueil mal placé ; en s'imposant un idéal de vie plus élevé et plus humain ; en ayant pitié de ses sœurs infortunées que son opulence et sa vanité froissent, font souffrir.

Il n'est certes pas impossible le sacrifice que je demande, au nom de la solidarité humaine, au nom du sexe délicat à qui nous devons épargner les peines inutiles, injustes.

Mais, afin que le sacrifice produise tous ses effets, il importe que les mères inculquent à leurs enfants un profond esprit de simplicité et d'altruisme éclairé, et qu'elles s'efforcent d'anéantir en eux tout penchant à la supériorité extérieure, à la vanité et à l'orgueil des biens matériels. En le faisant, elles travailleront au bonheur de l'humanité, à celui des femmes, à celui de leurs propres enfants, à qui elles épargneront bien des souffrances par répercussion, car tout se tient dans un état social ; et c'est de nous-mêmes que viennent la plupart de nos peines et de nos joies.

La femme peut beaucoup pour le bonheur du sexe, par l'éducation des enfants. Malheureusement, de nos jours, les mères se désintéressent trop de ce devoir : les riches l'abandonnent à des gouvernantes et à des précepteurs, pour se livrer plus librement aux plaisirs ; chez les classes moyennes, le souci des affaires et de l'existence matérielle prime tout ; chez les gens du peuple, l'on ne s'en occupe pas du tout, et les enfants grandissent avec le mauvais exemple sous les yeux, partout, dans la famille, à l'école, dans la rue. Chez les uns et les autres, il y a une égale inconscience des responsabilités, un égal désir de tranquillité et de bonheur, nuisibles aux êtres à qui l'on donne le jour, et dont on prépare le malheur. C'est encore et toujours de l'égoïsme ; et ici, c'est un égoïsme absurde, parce que l'oubli du devoir pour la tranquillité et les plaisirs est très souvent payé plus tard de sombres chagrins qui torturent le cœur et empoisonnent l'existence.

Je ne sais si je l'ai déjà écrit ; je le dis quand même, au risque de me répéter : les parents ont le plus souvent les enfants qu'ils méritent, pour le physique comme pour le moral.

Il dépend d'eux, en grande partie, de faire le bonheur de leurs enfants, puisque par l'éducation ils créent une deuxième fois.

Il importe donc d'éduquer l'un pour l'autre les deux sexes, qui se doivent du reste l'un à l'autre, et ne peuvent rencontrer le bonheur durable l'un sans l'autre. Toute la destinée humaine est là.

Et, que de parents éloignent leurs enfants de cette fin naturelle par leurs continuelles lamentations sur le mariage, sur les soucis et les charges qu'il entraîne, les sacrifices qu'il comporte ! Combien y en a-t-il qui célèbrent constamment devant leurs fils les vertus de l'or, et cyniquement leur recommandent de bonne heure de fuir le « mariage d'amour », tuant ainsi en eux tout désintéressement, tout sentiment élevé ! Le garçon qui grandit avec ces principes ne considère dans la femme que la dot, et n'aime en elle que l'agent de plaisir ; de là, à la traiter d'une façon indigne d'elle, il n'y a pas loin.

Et puis, que de mères négligent d'habituer leurs fils à la douceur et à la patience, à l'urbanité et à la délicatesse du cœur, quoique ce soient des qualités absolument nécessaires au bonheur de l'épouse !

Le genre actuel d'éducation fait plus de goujats et de maris brutaux, que d'hommes distingués et bons, dignes de la femme.

Et vos filles en souffrent, mères ! Et vous-mêmes, vous pâtissez du triomphe de la grossièreté ; c'est votre châtiment.

Il faut changer notre façon d'élever les enfants. L'amour de la femme doit nous en donner le courage, la volonté.

Il importe que les garçons soient formés tout jeunes aux bonnes manières, à la générosité envers leurs sœurs, pour lesquelles ils doivent apprendre à s'oublier, même jusqu'au sacrifice, parce qu'elles sont plus faibles, plus délicates, et qu'elles ont besoin de la protection, de l'affection de l'homme.

A mesure qu'ils avancent en âge, ils doivent être sévèrement accoutumés à respecter la chasteté de leurs sœurs, et des petites filles en général, à ne dire devant elles rien dont puisse être froissée leur pudeur, plus belle que la beauté, plus séduisante que la grâce. Le plus grand souci des mères doit être d'inculquer aux jeunes gens le respect religieux de la vertu des jeunes filles et de leur pureté, de les faire insensiblement à cette pensée que le sacrifice d'une virginité se paye d'une existence. Afin d'arriver plus facilement à ce résultat, il importe que les mères veillent scrupuleusement à ce que leurs fils s'abstiennent de toute familiarité indiscrète, de toute parole et de tout acte impudiques, à l'égard des femmes attachées au service de la maison.

Or, combien de mères laissent leurs fils prendre de scandaleuses privautés avec ces pauvres femmes, qu'elles abandonnent à leur lubricité, et chassent ensuite sans pitié, comme si ces malheureuses étaient sans cœur, et n'avaient pas besoin d'être protégées contre les tentations de la chair, contre les souffrances de l'abandon inévitable ! Leur conduite s'excuse, à leurs yeux, par l'infériorité de la victime ; mais la faute se paye des souffrances de leurs filles, parce que les jeunes gens s'habituent à abuser de la femme, à la regarder comme suffisamment récompensée de ses faveurs par le plaisir de les voir agréées, à la traiter en être inférieur créé pour subir l'homme, et qui n'a droit à l'estime du seigneur et maître qu'à certaines heures.

Voilà la déplorable conséquence du manque

de sollicitude des mères pour leurs sœurs infortunées.

Les femmes doivent, au contraire, se solidariser étroitement pour défendre partout, à l'atelier, dans les bureaux, partout, l'honneur du sexe contre les hommes, qu'un sentiment commun d'égoïsme bestial rapproche lorsqu'il s'agit d'exploiter la sensibilité inépuisable de la femme. Il y va de leur intérêt, à toutes, de se protéger mutuellement, de se défendre contre les hommes, sans défaillance et sans défection, de les « assoiffer » d'affection et de tendresses, afin de les amener à subir la loi d'amour, le mariage. J'invite les femmes à faire, en dehors du mariage, la grève la plus noble que verrait l'humanité, *la grève de l'amour*. Et, pour que cette grève soit durable, pleine de succès, il faut absolument créer une *Caisse de vertu* alimentée par les cotisations et les dons de tous ceux qui s'intéressent à la cause féminine, avec des succursales partout, afin de venir en aide aux jeunes filles et aux jeunes femmes nécessiteuses, à celles qui sont sans emploi, ou qui ne gagnent pas suffisamment, à la condition expresse qu'elles se conduisent bien et donnent toutes les garanties de moralité voulues.

Il importe que la repopulation se fasse dans

la moralité, et non par la débauche. La qualité vaut mieux que la quantité, partout.

Voilà pour l'éducation des garçons.

Quant à l'éducation des filles, elle n'a besoin d'être orientée vers le mariage que sous le rapport des qualités nécessaires à l'épouse. Les jeunes filles sont, en effet, instinctivement portées au mariage, parce que leur nature aimante espère trouver là seulement le bonheur, et parce que leur moralité supérieure à celle de l'homme les éloigne des amours illicites.

Les petites filles doivent être élevées en vue de la première qualité de l'épouse : la fidélité. Pour cela, il faut, dès l'enfance, former et fortifier chez elles le sentiment de la pudeur, sans rien négliger de tout ce qui dans la tenue, dans les façons de s'habiller, dans les sujets de conversation, peut y contribuer. Beaucoup de mères sont coupables sur ce point, et donnent le mauvais exemple à leurs filles. Beaucoup, qui ont grandi dans la légèreté et ne tiennent pas excessivement aux principes, ou ont contracté dans la pratique d'une demi-vertu des habitudes de licence et de complaisance, laissent leurs fillettes s'amuser librement avec les petits garçons à l'âge où les petits garçons, sous les premiers appels de la nature, sont vicieux et travaillés par le démon

du mal. Des imprudences, d'abord sans conséquence, sont commises ; puis, la familiarité et
le diable aidant, de petites privautés sont prises
qui entraînent d'autres ; puis, toujours par
manque de surveillance, viennent les graves
licences amenant la perte de l'innocence,
quand il n'y a pas autre chose.

La vertu est une fleur délicate qui se fane au
premier contact !

Mères de familles, surveillez vos filles ;
soyez-en esclaves. Inculquez leur, dès l'enfance, la religion de la pudeur, la crainte de
la familiarité avec les garçons, l'horreur des
caresses indiscrètes, la terreur du contact
impur ; et vous ferez d'elles des femmes honnêtes, des épouses fidèles.

Ce n'est pas tout. Il faut les éclairer sur la
perfidie de l'homme en amour et les dangers
du mariage, sur les souffrances et les responsabilités de la maternité, sur les déceptions parfois cruelles de la vie conjugale (1), sur la
nécessité de ne pas laisser le cœur aller à des

---

(1) Je me garde bien, cependant, d'aller dans
cette voie aussi loin qu'une féministe, qui voudrait
« que les deux sexes fussent parallèlement initiés
par une éducation sexuelle identique, progressive,
opportune et chaste... » — Voir « *La Française* »
du 17 décembre 1911. — Qu'un homme eût pareille
idée, *sérieusement*, cela m'étonnerait, et me dirait
sa valeur. Mais, une dame !... Oh !

hommes dont on ne connaît ni la nature, ni les sentiments, ni les habitudes, ni l'éducation, ni la valeur morale, sur la nécessité de se défier des hommes en principe, et de les étudier à fond avant de s'attacher. Il est souverainement sage de tout faire pour tempérer chez elles la sensibilité, de manière à leur épargner les élans spontanés du cœur, les sentiments irréfléchis ou irrésistibles, les déceptions et les souffrances qui en résultent souvent, ou les sots mariages.

Voilà le périlleux écueil pour les jeunes filles. Elles ne sont pas armées par l'éducation contre les faiblesses du cœur et l'ambition de s'établir : au contraire, les parents avivent imprudemment chez elles le penchant naturel au mariage par leurs sujets de conversation, par leurs propos, par l'expression trop franche de leur désir de les voir s'établir, et souvent par l'impatience de se débarrasser d'elles. Alors, les pauvres filles se montent insensiblement la tête et le cœur, et, chose bien triste ! se sentant quelquefois à charge, sont prêtes à toutes les bêtises.

Et à qui la faute, sinon aux parents ?

Il faut des femmes habituées à dominer les sollicitations de la chair et les faiblesses du cœur, des femmes maîtresses d'elles-mêmes,

pour vaincre l'égoïsme des hommes et les réduire par l'inassouvissement des appétits et la
soif d'amour à accepter les chaînes d'or du
mariage.

Ces femmes énergiques font des épouses
fidèles, des mères qui lèguent à leurs enfants
des traditions d'honneur et de vertu avec un
nom sans tache ; et c'est ce qu'il y a de beau
dans le mariage. C'est aussi le plus sûr intérêt
de la femme. Et la meilleure garantie de progrès moral est là.

En vue d'avoir ces femmes fortes, certains
préconisent la coéducation ; d'autres, plus
sages, recommandent la coinstruction.

Sur la coéducation, j'ai déjà donné mon
opinion ; et je ne regrette nullement de ne
pas pouvoir comprendre la beauté du sophisme
qui consiste à jeter quelqu'un dans un torrent
pour lui apprendre à nager, ou à mettre de
jolies et agaçantes fillettes sous la main de petits jeunes gens plus ou moins travaillés par la
nature, pour leur apprendre à savourer les
plaisirs délicats de l'amour platonique. Le positivisme du siècle, l'ardeur de la race, la force
des lois naturelles, tout m'autorise à penser
que les jeunes gens pourraient ne pas se contenter de la pure admiration du beau.

La coinstruction est certainement moins

dangereuse. Mais je ne crois pas du tout qu'elle puisse donner à elle seule la femme forte contre les faiblesses du cœur, surtout dans les grandes villes où il est si facile de faillir. Elle n'est sans gros inconvénients que dans les milieux où la jeune fille redoute sans cesse la surveillance ou la surprise. Encore faut-il que la jeune fille ait reçu de ses parents de solides principes ; c'est l'essentiel, ce sans quoi le contact fréquent des sexes est dangereux (1). En tout cas, la coinstruction a au moins l'inconvénient de masculiniser la femme et de lui enlever une partie de ses charmes.

Cependant, la fidélité n'est pas la seule qualité nécessaire à l'épouse : cette vertu prime les autres ; elle est la principale source de bonheur ; mais le dévouement est aussi indispensable. Pas de vie conjugale heureuse, féconde, sans cela. Le mariage est, en effet, une association, la plus étroite de toutes, et ne peut prospérer que par le dévouement mutuel. Certes, la femme est naturellement portée à l'abnégation, parce qu'elle est faite pour créer,

---

(1) Pour les mêmes raisons, je n'approuve pas que les étudiantes fréquentent la Maison des étudiants, assistent à leurs fêtes et à leurs banquets. J'approuve au contraire Mme Cruppi d'avoir fondé une Association des étudiantes de Paris.

et que création comporte toujours sacrifice
et don de soi-même ; toutefois, l'on peut
remarquer que les femmes deviennent de
plus en plus futiles, amoureuses d'elles-mêmes et de leur beauté, éprises de fanfreluches et
de bijoux. C'est la conséquence de l'habitude
de se parer, pour plaire aux hommes et se marier, ou bien, après le mariage, de l'indifférence des maris et des déceptions, qui rendent
les femmes à elles-mêmes, à leur coquetterie
devenue consolation. Ces désenchantées sont
excusables, car le rôle de dupe, ou de victime,
ne suffit pas à tout le monde, et l'héroïsme
n'est pas exigible, quoique beaucoup de femmes s'y élèvent, prouvant en cela leur supériorité. Mais les autres ?

Le dévouement chez l'épouse ne consiste pas
seulement en ce qu'elle doit être prête à défendre son mari avec toute son énergie, même
au péril de sa vie — obligation qui incombe à
plus forte raison au mari ; — il consiste aussi
dans la ferme volonté de défendre les intérêts
matériels de l'association par la sage administration du budget familial, par l'esprit d'ordre
et d'économie, enfin, dans le sacrifice de l'a-
mour de la toilette et des plaisirs aux exigences
du foyer, ou aux désirs du mari.

Voilà des qualités indispensables à la bonne

harmonie entre les époux et à la douceur de la vie conjugale, que compromet toujours l'égoïsme, sous n'importe quelle forme.

Il importe donc que les jeunes filles soient accoutumées à se dévouer aux obligations domestiques et aux désirs des parents, à s'oublier pour être utiles ou agréables.

Il va sans dire qu'elles doivent être également habituées aux soins d'un ménage, familiarisées avec toutes les occupations intérieures, instruites des principes d'hygiène et de puériculture. Tout cela, du reste, s'acquiert facilement, naturellement, dans certains milieux : les enfants regardent faire les parents, et procèdent plus tard comme eux. Et c'est pourquoi des mères, qui n'ont jamais reçu des leçons d'hygiène et de puériculture, savent très bien soigner leurs enfants, grâce aussi à ce que l'intuition maternelle leur apprend, et peuvent même quelquefois éclairer les médecins. Il n'est pas possible de leur demander d'être des doctoresses en médecine, de tout connaître.

Dans d'autres milieux, au contraire, il y aura toujours absence d'hygiène et de propreté, et les enfants qui y naîtront seront victimes de leurs parents, comme leurs parents sont victimes de leur insouciance et de leur infériorité intellectuelle et morale ; et il en sera toujours ainsi, plus ou moins, quoi qu'on fasse, quels que soient les enseignements donnés et les chaires créées, parce que c'est une forme de l'infériorité individuelle, et que cela ne peut pas se supprimer.

Je connais des familles, d'un rang social assez élevé, où l'on a tué, où l'on tue des enfants par insouciance et invincible malpropreté, par bêtise, et où l'on sait cependant ce qu'il faut faire, et où l'on peut faire ce qu'il faut.

Dans d'autres familles, l'on voudrait suivre les règles de l'hygiène et faire de la puériculture raisonnée, on ne le pourrait.

C'est donc une utopie que d'espérer modifier les choses partout et profondément, par un simple enseignement puéricole.

Enfin, comme toutes les jeunes filles ne se marient pas, il importe que celles qui sont soumises à l'obligation du travail, ou y sont exposées, aient un métier, un gagne-pain, pour qu'elles ne soient pas condamnées à la triste et dégradante nécessité de l'inconduite. Celles-là mêmes, qui fréquentent les écoles primaires supérieures, ou secondaires, doivent apprendre en même temps un métier, qui leur assure les moyens de se tirer d'affaire plus tard, et sera peut-être leur suprême ressource, si les événements ne se produisent pas comme elles l'espèrent. Un métier, en effet, facilite non seulement l'honnêteté et l'indépendance, mais aussi la résignation dans le célibat, qui alors ne se complique pas de la faim. Il offre encore l'avantage de permettre d'attendre sans impatience un parti sortable, ce qui a une importance capitale dans la vie de la femme, car si elle est pressée de se marier, elle se jette au cou du premier venu. C'est la principale raison pour laquelle tant de jeunes filles se marient mal.

Je ne veux pas dire cependant que les jeunes filles doivent avoir des prétentions déplacées, ou faire preuve à l'égard du mariage de cette sourde hostilité que j'ai déjà condamnée, ou montrer un esprit d'indépendance capable d'éloigner les prétendants, puisque les hommes n'ont nul souci d'épouser des jeunes filles dont les manières révèlent une mentalité pleine de menaces, et qu'ils n'entendent pas, en se mariant, se mettre en tutelle.

D'autre part, l'indépendance de caractère et d'allure sied mal à la femme.

Il est certainement plus conforme à sa nature d'utiliser ses ressources personnelles à attendre dans une dignité modeste et engageante celui à qui elle donnera son cœur et sa vie, sans rien dire ni rien faire par quoi il puisse être éloigné, ou se regarder comme sollicité.

En résumé, honnêteté et dévouement, haine du luxe et des bizarreries de la mode, et amour de la simplicité, esprit d'ordre et d'économie, compétence dans les travaux et les obligations domestiques, modestie et dignité. expérience suffisante d'un métier, voilà les vertus et les qualités dans lesquelles il est nécessaire d'élever les jeunes filles, pour qu'elles fassent de bonnes épouses et trouvent le bonheur dans le mariage, ou pour qu'elles aient la tranquillité et l'existence assurée dans le célibat, si le sort leur est contraire.

Mais le foyer ne doit pas absorber toute la femme, et cacher ses vertus. Il importe, au contraire, que ses vertus brillent et rayonnent sur la société.

La femme a un rôle social à remplir.

Je ne veux pas dire qu'il faille la lancer dans les luttes politiques ; j'ai déjà donné mon sentiment sur ce point. Je ne suis pas non plus d'avis de faire d'elle une sorte d'apôtre des doctrines politiques ou religieuses, au détriment de la famille et du foyer, auxquels elle se doit principalement : ce serait en contradiction avec ce que je viens d'écrire. Elle peut être plus utile à la société. L'on a déjà trop de propagandistes, employés aux conversions politiques ou religieuses, commis voyageurs insupportables qui finissent souvent par écouler leurs marchandises intellectuelles aux timides et aux faibles d'esprit ! Et je demande instamment qu'on se résigne en France à laisser chacun libre de se faire les opinions qu'il veut bien, par la lecture, la conversation et la réflexion. Il y a trop de péroreurs, chez nous, et pas assez de gens cherchant à avoir des idées personnelles. Cela vient en partie de ce qu'on lit de moins en moins pour s'instruire, et qu'on aime seulement les livres amusants et les romans, excepté chez une petite élite intellectuelle.

Abandonnons donc aux individus le domaine des idées.

C'est autrement que la femme doit agir sur la société, et d'une façon plus conforme à sa nature, par son cœur, sa douceur, et ses charmes.

Je voudrais la voir partout, avec modestie, sans vanité ni ostentation, *médiatrice* de la paix sociale, *consolatrice* des souffrances.

Elle peut, mieux que personne, panser les

plaies ouvertes par les politiciens, et ramener la santé dans l'organisme social. Je voudrais qu'elle entreprît résolument cette lourde tâche.

Voyez, de tous côtés, les haines, les colères, les passions provoquées et entretenues par les égoïsmes des politiciens ; les classes sont excitées les unes contre les autres, et au sein de chacune d'elles existent encore des partis qui se combattent avec acharnement ; la mêlée est générale, le repos, nulle part ; partout c'est la violence, l'exaspération ; les énergies nationales sont dissociées, déviées, paralysées. Tout cela ne peut pas durer, car tout cela nous mènerait je ne sais où, au pouvoir absolu, très probablement, par un regrettable retour en arrière. Pas plus que les individus, les peuples ne peuvent vivre longtemps dans l'agitation : la dépression survient fatalement, après un temps qui dépasse souvent l'existence individuelle, mais qui est court relativement à la vie des nations. La courte durée de l'individu empêche de voir les effets plus ou moins lointains de la violence et de l'égoïsme, et favorise le mal par une sorte d'encouragement venant des événements immédiats ; mais l'histoire enregistre pour ceux qui veulent observer.

Il serait prudent de travailler à calmer cette

fièvre d'égoïsme qui nous dévore et à corriger l'amour de soi par un peu d'amour vrai du prochain, par un peu de désintéressement sincère. Dans l'ardeur de la lutte pour l'existence, l'homme fait trop souvent taire en lui les sentiments de sympathie, de pitié ; il n'a en vue que le succès et ne regarde pas toujours aux armes, aux moyens : son sens moral s'oblitère en même temps que sa sensibilité s'émousse ; le mot de Hobbes, « *Homo homini lupus* », est toujours vrai en dépit des palabres modernes sur la solidarité, la mutualité, la fraternité. Le seul progrès, — si c'en est un ! — est que de nos jours on s'unit pour vaincre, écraser autrui plus facilement ; voilà tout. Mais l'amour d'autrui n'est pas plus grand qu'autrefois : au contraire ; et qui en montre la nécessité dans les rivalités actuelles, est traité de sentimental, de niais, d'arriéré.

Toutefois, de temps en temps, quelque vainqueur redoutable jette, avec ostentation, à la foule des vaincus, en un geste de pitié hautaine, une miette du butin conquis, on sait comment, dans l'horrible mêlée, voulant ainsi se faire pardonner son cruel triomphe ; et les badauds de célébrer la charité et la philanthropie modernes !

Mais la socialité n'est pas en progrès sensible ; la vie n'est pas plus douce ; il y a plus de haine et de colère dans l'âme des hommes d'aujourd'hui, dans leurs actes.

On cherche à excuser cela en disant que ce sont les effets inévitables des concurrences actuelles, plus actives, des nécessités économiques plus inéluctables et plus larges qui franchissent les frontières et s'imposent à tous malgré les sentiments individuels.

Et les paroles de haine de nos politiciens, de nos dirigeants ? Qu'en fait-on ? Et leurs excitations à la lutte sans merci, à l'écrasement des adversaires, partout, dans les conflits économiques, comme dans les conflits politiques ? Et les campagnes de haine, de désagrégation sociale, menées ouvertement, aujourd'hui, sous ce beau ciel de France qui invite plutôt à la joie de vivre, à l'amour ?

Non, tout cela n'est pas dans l'ordre des choses, dans les nécessités sociales. Tout cela est œuvre impie, antipatriotique, antihumaine. C'est l'action néfaste de l'égoïsme ; c'est l'affirmation de la tendance à faire prévaloir le moi sur la collectivité.

L'homme a donc compromis l'avenir de la civilisation. Il semble même incapable de faire dominer les nobles sentiments de l'humanité sur les mauvais.

Notre société a besoin d'être régénérée dans ses formes, dans ses lois ; et elle ne peut l'être que par l'amour, qui rapproche, crée, féconde.

Et l'amour, c'est la femme.

C'est en elle que l'humanité doit se retremper pour se régénérer, se relever ; là seulement elle peut puiser les sentiments de bonté, de générosité, de dévouement.

Les hommes se réhabiliteront, en se prêtant à leur rénovation.

Les femmes, de leur côté, doivent tout faire pour conquérir leurs cœurs, et les soumettre à leur douce domination. Beauté, grâce, faveurs, charmes de toutes sortes, tout doit être utilisé par elles en vue de dompter ces âmes farouches, et de les amener à la bonté, à l'amour généreux et franc, pour le bonheur de la société.

Elles en recueilleront de grands avantages pour elles-mêmes ; elles seront plus heureuses.

Mais, que leur bonheur ne les rende pas égoïstes ! Qu'elles sachent faire retomber sur les autres les bienfaits de l'apprivoisement du loup.

Voilà la grande œuvre à laquelle je les convie.

Dans toutes les classes sociales, elles doivent s'intéresser aux occupations et aux travaux de leurs maris, s'insinuer habilement dans leurs affaires, non pour commander, ce qui n'est pas leur rôle, mais pour prendre leur part de responsabilités et de soucis, ce qui est leur devoir, et pour encourager, conseiller, consoler. Alors, quand le mari est dans les affaires, par exemple, la femme peut, en cas d'absence ou de maladie, ou de mort, gérer à sa place, ou contrôler la gestion d'autrui, ou liquider avantageusement. Et elle en est parfaitement capable : il ne lui faut que l'expérience ; les qualités nécessaires, elle les a ; et elle voit très souvent mieux que l'homme, ainsi que je l'ai établi plus haut. Combien de maris doivent ce qu'ils sont à leurs femmes !

Cependant, il y a plus qu'une œuvre familiale à accomplir : il y a une œuvre sociale, plus grande en beauté, en valeur.

Il faut que la femme use de toute son influence sur son mari pour le gagner à la concorde et à la paix sociales, pour effacer les haines et dissiper les conflits. Epouse d'ouvrier, elle doit s'appliquer sans faiblesse à neutraliser chez son mari l'action pernicieuse des syndicats et des meneurs, en lui montrant l'inutilité ou le danger de la violence, qui irrite le patron, et la supériorité de l'accord librement consenti, obtenu par la froide discussion ; en lui prêchant le respect des contrats, qui lie les hommes soucieux de leur dignité ; en lui faisant comprendre que l'ouvrier est malhonnête quand il ne travaille pas conscieusement, criminel quand il détériore les instruments de production, injuste et condamné aux échecs, toujours douloureux à la famille, quand il se met en grève pour extorquer des majorations de salaire incompatibles avec les exigences de l'industrie et la situation du patron ; en l'amenant à aimer le métier qui le fait vivre, et à y trouver des satisfactions qui rendent facile le labeur de chaque jour, et agréable la vie ; enfin en combattant chez lui l'amour du café et des plaisirs, et en lui inspirant cet amour du foyer qui contribue tant à assagir l'homme par le sentiment précis de son rôle et de ses responsabilités. Je suis convaincu que s'il y a beaucoup de mauvais ouvriers, c'est principalement parce que la femme, dans ces milieux, ne remplit aucun des devoirs que je viens d'indiquer et ne s'intéresse aux occupations de « l'homme » que pour récriminer contre l'insuffisance des salaires et la rapacité des « bourgeois ». — Epouse de patron, la femme doit inculquer à son mari l'amour des humbles, des besogneux, et l'esprit de justice qui exclut l'exploitation ; elle doit être auprès de lui la protectrice de tous ces pauvres gens soumis à un dur labeur pour vivre misérablement, et qui sont cependant des agents de richesse et de bonheur pour autrui. Elle doit donner l'exemple de la modération dans les besoins, en dépensant moins pour sa toilette et ses plaisirs, pour son train de vie, en renonçant au luxe égoïste qui démoralise et crée des conditions d'existence de plus en plus insupportables aux masses, en renonçant à ces vaines satisfactions d'amour-propre et de vanité que donne la somptuosité, ferment d'envie et de mauvais sentiments ; elle doit éloigner son mari de la grande vie qui rend égoïste et cupide, dur aux malheureux, et qui engloutit les fortunes ; elle doit au contraire l'encourager à remplir ses devoirs sociaux en se montrant bon pour ses employés, généreux, charitable, et en rémunérant comme il faut le travail. Les patrons les plus exigeants, en effet, et les plus exploiteurs, sont très souvent ceux qui ont un grand train de maison et aiment le luxe. Enfin, en cas de conflit avec les ouvriers, ou les employés, la femme a le devoir d'amener son mari à faire les concessions possibles, quand les revendications sont exprimées raisonnablement. En cas de résistance, par impossibilité d'accorder les avantages demandés, ou par nécessité de faire respecter le droit, elle a le devoir de tout tenter pour apaiser les esprits, pour agir sur les femmes des ouvriers et leur faire entendre raison, afin de les amener à calmer leurs maris.

Pour remplir ce rôle, utile à son mari autant qu'à la société, la femme du patron ne doit pas être l'orgueilleuse qui écrase de son dédain les femmes du peuple ; elle doit être la fée bienfaisante qui dissipe à son passage les souffrances du corps, et celles de l'âme surtout, qui console, rend l'espérance, et, même après les conflits douloureux provoqués par l'égarement, efface les colères par le bien et vainc les cœurs par la douceur. Elle réussira si, loin d'ignorer le monde ouvrier et de vivre uniquement pour les plaisirs, elle vit près des femmes du peuple, les connaît, et exerce sur elles l'influence du cœur et de l'esprit. A cette tâche, digne de la noble nature féminine, la grande dame ne peut rien perdre de son pouvoir inépuisable d'aimer et de se faire aimer ; au contraire, elle y recueillera l'honneur de briser par ses charmes et ses vertus l'influence des perturbateurs publics, d'apprivoiser la démocratie révoltée, d'opposer aux forces anarchiques de l'égoïsme la digue puissante de l'amour d'autrui.

Quelle œuvre grandiose ! Et quel titre à la reconnaissance de l'humanité !

Mais cette action, si l'on veut qu'elle ait plein succès, doit être concertée, généralisée, solidaire ; il importe que partout les femmes militent pour la socialité, la civilisation : il faut aussi que celles des politiciens, moins ambitieuses que leurs maris et plus morales, moins avides d'argent et plus humbles, soient pour eux des modèles de sincérité et d'honneur, de vertus privées et publiques, et qu'elles puissent, par leur intelligence et leur autorité, les écarter des ambitions malsaines, leur inspirer avec le respect de soi, que la femme en général possède à un si haut degré, la honte d'employer pour arriver des moyens indignes, ou contraires aux convictions personnelles et à la probité intellectuelle, à l'honneur. Il est urgent qu'elles s'opposent de toute leur énergie aux campagnes de haine et de persécutions, aux prédications de violence et d'anarchie, à l'œuvre criminelle de démolition sociale. Elles doivent montrer les effets de la démoralisation produite par les doctrines dangereuses, et parler à leurs maris au nom de leurs enfants, à qui ils préparent une société où la vie serait bien pénible. Qu'elles flétrissent sans faiblesse ni défaillance la noirceur d'âme qu'il y a à tromper les basses classes, les pauvres d'esprit et les ignorants, à corrompre leur cœur, à remplir leur âme de vaines chimères et de fausses espérances, à abuser de leur crédulité au risque de les amener tout droit par la déception à la révolte. Grâce à leur sens moral plus élevé et plus sain, elles trouveront le langage et la manière capables d'impressionner, de convaincre.

Pour ce rôle, il est nécessaire que les femmes s'intéressent aux choses sociales, au mouvement des idées, à l'avenir de la société. C'est leur indifférence qui a fait jusqu'ici la force de leurs maris, et a causé le mal dont nous souffrons.

Cependant, il importe qu'elles ne passent pas de l'indifférence actuelle à l'exaltation : la pondération, la mesure et le sang-froid commandent le respect et sont des conditions de succès. Les femmes ridiculiseraient l'œuvre à laquelle je les invite, et éterniseraient certainement le dangereux triomphe des hommes, par leur incontinence de langage, leur ardeur intermittente ou intempestive, leur manque de réflexion ou d'information, leurs puériles présomptions.

Qu'elles y fassent attention !

Enfin, la femme porterait au plus haut point

son influence politique et la valeur de son œuvre sociale, en luttant partout contre la misère
et les souffrances humaines chez les déshérités
de la vie, en apportant aux malheureux, aux
découragés, le secours matériel qui soulage, la
bonne parole qui réconforte et fait renaître à
l'espérance. Elle seule sait donner avec tact,
délicatesse et amour, avec des gestes adorables
pour lesquels sa main semble faite, avec une
ingéniosité qui charme et force à accepter, par
crainte de déplaire ; d'où le sentiment d'être
agréable, en recevant, et qui supprime toute
idée d'humiliation. Voilà l'incomparable supériorité de la charité féminine sur la charité
officielle, froide, impersonnelle, humiliante,
s'adressant au corps seul, ne soulageant pas
l'âme, et où il y a un danger, celui de créer
une habitude et de faire reculer la dignité personnelle devant l'altruisme anonyme. Eh bien !
ce danger, la femme seule est capable de l'é-
carter avec la douceur et l'habileté qui conviennent, en faisant passer chez l'assisté un peu
de ce sentiment de dignité qui la caractérise,
et qu'elle met dans sa conduite, son langage,
ses attitudes. La femme ne sait pas seulement
donner, elle sait aussi quand et dans quelle
mesure il faut donner ; cela rentre dans ses
facultés d'intuition. Elle est infiniment plus

apte que l'homme à exercer la bienfaisance; et l'on devrait lui confier la charité officielle, en ne lui imposant comme règle que son cœur, comme limite, les crédits disponibles. On verrait alors ce que peuvent son cœur et son intelligence au service des misères humaines, ce que valent son dévouement et sa probité, par où elle est bien au-dessus de l'homme.

Quant à la charité privée, pour qu'elle porte tous ses fruits, il faut qu'elle soit coordonnée, et qu'elle ait ses caisses régionales et ses caisses locales, confiées à des femmes habiles et fermes, régulièrement surveillées, afin que les écarts du cœur soient empêchés. Et tous ceux qui peuvent, doivent subventionner ces caisses, dans la mesure de leurs moyens, en vue du bien de tous. Ce serait le *Trésor social de l'amour féminin.*

Ce n'est pas tout ce que la femme peut pour ses sœurs du peuple. Il ne suffit pas de calmer certaines douleurs, pour se croire quitte envers la société : il faut encore épargner à autrui toutes les souffrances qu'on peut. Or, les heureuses de ce monde, qui souvent sont charitables et bonnes, causent souvent aussi des souffrances auxquelles elles ne veulent pas penser, en imposant du travail de nuit en vue d'un plaisir ; en créant par leurs exigences des périodes de surmenage dont les malheureuses employées se remettent difficilement, quand ces périodes ne se renouvellent pas au point de débiliter et d'entraîner l'incapacité de travail au bout d'un certain temps ; en traitant avec hauteur et dureté les femmes qui sont à leur service, en ne ménageant pas les forces de celles qui sont employées dans les magasins, et que des patrons souvent féroces mènent avec la plus grande sévérité. La charité exclut tout cela ; et le cœur féminin ne doit rien se permettre de tout cela.

Enfin, à celles qui sont exposées à se perdre, par faiblesse de caractère, ou par amour pour les plaisirs et la toilette, la main féminine doit être tendue, généreuse, secourable. L'intérêt de la société et l'intérêt du sexe le commandent.

Le rôle que je voudrais voir la femme jouer dans la société me semble plus digne d'elle, et plus conforme à sa nature, que celui où veut l'amener un certain féminisme tapageur et dangereux, condamné à la stérilité.

Mais, pour que la femme s'élève à cette fonction de médiatrice et de consolatrice, le cœur n'est pas un guide assez sûr : il faut en plus science et intelligence.

Et, quelle science ?

Pas les mathématiques assurément ; et pas plus, d'ailleurs, la physique ou la chimie, que la littérature ou la musique.

La science que, dans les classes moyennes et dans les classes élevées, la femme moderne doit étudier, avec la Logique, où se rectifiera son jugement, c'est la *Science sociale*, seule capable de faire d'elle la Providence de l'homme et de la civilisation. Psychologie et Morale, bases de toute la Sociologie, Politique proprement dite avec les théories des différents systèmes de gouvernement, Economie politique et Histoire, voilà les sciences dans lesquelles il faut que la femme moderne soit versée, pour être à même de suivre le mouvement des idées et d'agir sur les partis et les programmes.

Ce sont certes des sciences graves, bien graves pour la femme, et qui pourraient influer sur sa nature, altérer sa gaieté en inclinant son beau front sous le poids de lourdes pensées ; mais, qu'importe ! si le front s'élargit sous la puissance de la pensée, si l'œil moins malin devient plus profond, si l'être qu'on veut condamner à un sort de poupée, à une vie insignifiante et vide, prend au foyer la place qui lui revient, à côté des maris prosaïques et

niais, et, dans la société, l'influence bienfaisante que nous lui voulons.

D'ailleurs, l'élévation de l'esprit n'exclut
pas nécessairement la belle humeur, qui est
affaire de mentalité et de caractère. C'est le labeur intellectuel opiniâtre qui fatigue, refroidit et assombrit, mais non l'étude en général.

Et puis, pour entretenir la gaieté chez la
femme, n'y a-t-il pas les plaisirs et les fêtes,
la musique, et, ce qui vaut encore mieux, le
bonheur conjugal.

Ce qui est très probable, c'est que la femme
perdra sa futilité et sa frivolité actuelles, ou sa
pédanterie, quand elle est instruite, parce
qu'elle se sent distinguée. Elle s'intéressera au
mouvement des idées ; elle se tiendra au courant des choses, pour pouvoir en parler ; elle
discutera avec son mari, pour l'éclairer ou se
renseigner ; elle aura le souci d'être bien informée, et de penser juste, parce qu'elle aura vu
en Logique la valeur de l'idée juste, et qu'elle
voudra donner à son mari une bonne opinion
de son savoir et de son jugement. Elle vivra
enfin par l'esprit autant que par le cœur ; et
insensiblement les facultés purement intellectuelles se développeront, s'élèveront. Elle
brille déjà par la vivacité et la souplesse de l'esprit, par la sagacité, par la mémoire et l'ima-

gination qui sont du reste très étroitement
unies, par la sensibilité et la valeur morale ;
demain, elle sera l'émule de l'homme pour la
puissance de l'attention et la force du raisonnement, pour la rectitude du jugement et la
facilité à éviter l'erreur.

A mesure que les femmes réaliseront ces
progrès par l'effort individuel, et transmet-
tront les qualités acquises, le cerveau du sexe
se rapprochera de celui de l'homme et finira
par l'égaler en volume et en poids, pour les cir-
convolutions et les plis. L'homme, à son tour,
cherchera à recouvrer par de nouveaux progrès intellectuels et moraux, par plus de
science, sa supériorité perdue ; et ce sera l'évolution réelle vers une humanité supérieure,
parce que l'Intelligence, en même temps
qu'elle prend conscience d'elle-même, tend à
s'élever, spontanément : c'est sa loi inéluctable, comme la curiosité est sa caractéristique.

Ce qui fait qu'elle reste stationnaire depuis
longtemps, c'est certainement l'immobilité de
l'Intelligence féminine, absorbée, atrophiée,
actuellement, par les mesquineries et les futilités de l'existence, figée dans la passion de la
mode et de la toilette. Dès que la femme devient futile et insignifiante, l'homme devient

niais et prosaïque, et la mentalité humaine
recule, de même que dans les sociétés où elle
est confinée dans les occupations inférieures
et l'ignorance il n'y a que grossièreté et barbarie. Elle est le principe du progrès intellectuel et moral, comme sa condition sociale est
le degré de la civilisation.

Il dépend donc d'elle qu'il y ait plus d'intel-
lectualité dans le monde, plus d'idéal dans les
choses humaines.

Elle le peut, en cultivant sans arrêt et sans
surmenage ses facultés intellectuelles et ses
facultés physiques, afin de transmettre à ses
enfants, avec une plus grande capacité cérébrale, des nerfs plus robustes et plus calmes,
moins irritables et moins susceptibles de dépression. Elle le peut, en veillant avec un dévouement passionné à ce que ses enfants ne
perdent pas leurs qualités natives par une éducation négligée, abandonnée à des soins mercenaires ; en veillant à ce que dans le premier
âge ils ne soient pas brutalisés et rendus bêtes
par des nourrices ou des bonnes sans conscience et sans patience ; en sacrifiant ses
plaisirs et ses parades inutiles à son devoir de
mère qui prime tout, à son devoir social qui
est aussi important, et à l'avenir de la famille

qui ne peut pas laisser indifférente une femme intelligente et éclairée.

Que d'enfants, en effet, nés de parents vertueux et bien doués, mais insouciants, sont victimes de cette insouciance, et deviennent des débiles, ou des maladifs, ou des dégénérés, pour avoir été confiés à des nourrices tarées de corps ou d'esprit, ou incapables de solliciter et de favoriser l'éclosion de leurs facultés, — ce qui a plus d'importance qu'on ne croit.

Aussi bien, la femme a l'impérieuse obligation de ménager la puissance nerveuse de la race, en évitant de se faire exalter les nerfs par la passion, quand elle porte en son sein le fruit de ses amours, en se surveillant dans les plaisirs des sens et en se modérant, de même qu'elle doit ménager la vigueur cérébrale de l'espèce, en n'abusant pas des plaisirs de la chair, en tempérant l'ardeur de son mari, en n'irritant jamais ses nerfs par des raffinements de passion, en ne tolérant pas le surmenage physique par des recherches de sensualité.

Certes, il n'est pas toujours facile de se dominer ; et la nature délicate et pudique de la femme connaît parfois de nobles remords, de respectables résolutions ; mais, le courage de résister, elle doit le trouver dans la suprême douceur du triomphe de la dignité sur la bestialité, et surtout dans cette pensée que la résistance la grandit dans l'esprit et le cœur de son mari, où elle est encore plus désirée après ces attirants refus qui entretiennent l'amour par l'espérance et préservent de l'indifférence qu'engendre toujours le connu.

L'amour, en effet, ne vit que de mystère et d'inassouvissement, et s'évanouit dans l'éblouissante sensualité, comme la flamme qui brille au chœur des sanctuaires, dans l'ombre de la nuit, s'éclipse sous les feux ardents du soleil.

Que les femmes m'en croient : la pudeur est un attrait ; le demi-abandon savamment repris est un charme troublant qui commande le respect et séduit. Voilà le secret de l'amour durable, quand l'homme n'est pas une brute, quand il a de la sensibilité et de l'âme.

Qu'elles y apportent tout leur art, toute leur sagacité. Mais, il faut pour cela qu'elles restent maîtresses de leurs nerfs et sachent se ressaisir quand la dose d'amour et de caresses a été mesurée à l'homme.

Autrement, c'est la passion brutale, sans noblesse et sans idéal.

Or, la femme doit toujours être pour l'homme un modèle de dignité et de beauté morale.

Cette beauté morale, l'homme la perd facilement dans les réalités souvent dégradantes de la vie ; alors, c'est dans l'âme de la femme qu'il doit se retremper, pour recouvrer sa grandeur et son éclat intellectuel ; c'est dans son cœur qu'il doit puiser la régénération et le courage de redevenir homme.

En vérité, la femme est la poésie de la vie, ce qui dans la nature parle le plus à l'âme et l'enchante le plus, lui inspire les plus grandes pensées et les plus sublimes dévouements.

Elle doit rester fidèle à cette mission, pour notre honneur, pour l'honneur de l'humanité. Elle doit défendre jalousement son âme contre la trivialité et la bassesse intellectuelle, contre la laideur morale, contre la niaise futilité et le vide affreux, comme elle doit défendre son corps par de l'hygiène et des exercices méthodiques contre l'épaississement et la vieillesse prématurée.

Voilà la femme que je rêve pour la société de demain. Voilà l'idole que je voudrais offrir à l'adoration de l'homme, pour le plus grand bonheur des deux sexes plus étroitement unis, par l'esprit et le cœur.

C'est vers cette fin complexe, mais conforme aux nécessités sociales, que je voudrais voir orientée l'activité féminine, actuellement éparpillée, ou inemployée, ou absorbée par des futilités.

Alors, l'humanité, plus intelligente et plus compatissante, plus belle et plus noble, sera plus heureuse, parce qu'elle sera plus intelligemment bonne et plus apte à se gouverner. Et les haines et les passions malsaines, sans disparaître, parce qu'elles sont inhérentes à notre nature, seront à leur plus bas degré ; et notre aveuglement sera moins grand, et notre compréhension des choses plus nette ; et il y aura plus d'ordre et de stabilité dans les affaires humaines, plus de douceur et moins d'égoïsme dans les rapports sociaux.

Enfin, l'élite que produira la race régénérée portera à un point aujourd'hui inconnu l'esprit de justice, la liberté et la civilisation. Et cette élite sauvera la société de l'anarchie présente, parce qu'elle saura se retrouver dans le chaos actuel des idées et des doctrines et dégager la vérité sociale des ombres qui l'enveloppent.

La liberté de la parole et de la plume a multiplié jusqu'à l'excès les théories et les conceptions politiques ; l'intelligence des masses en est écrasée, impuissante à se ressaisir, livrée aux passions qui parlent chaque jour plus impérieusement. Et notre élite, intimidée, paralysée par les instincts déchaînés des foules, n'a ni le sang-froid ni la lucidité d'esprit nécessaires à son rôle, ni même la mentalité qui convient.

Nous sommes dans l'obscurité des passions et de l'ignorance.

Tant que le soleil de la Raison ne se lèvera pas au-dessus de ces brumes épaisses, nous serons condamnés à errer ; tout progrès réel sera impossible.

Je le répète, le salut est dans la régénération par la femme.

La femme seule peut mener la société à plus d'intelligence et d'amour, à plus de bonheur.

Elle se doit à cette œuvre. La nature l'y a prédestinée, en lui donnant dans la production de l'espèce la part la plus grande, en lui imposant un dévouement impossible à l'homme.

TABLE DES MATIÈRES

I

II

III

NIORT. — IMP. TH. MARTIN